2019年版
中国科技期刊引证报告（核心版）
社会科学卷

中国科技核心期刊（中国科技论文统计源期刊）

中国科学技术信息研究所

·北京·

图书在版编目(CIP)数据

2019年版中国科技期刊引证报告：核心版. 社会科学卷 / 中国科学技术信息研究所编著. —北京：科学技术文献出版社，2019.11
ISBN 978-7-5189-6185-6

Ⅰ. ①2… Ⅱ. ①中… Ⅲ. ①社会科学－科技期刊－期刊索引－中国－2019 Ⅳ. ①Z89：N55

中国版本图书馆CIP数据核字(2019)第248184号

2019年版中国科技期刊引证报告（核心版）社会科学卷

| 策划编辑 | 周国臻 | 责任编辑 | 周国臻 | 责任出版 | 张志平 |

出 版 者	科学技术文献出版社
地　　址	北京市复兴路15号　邮编　100038
编 务 部	(010)58882938，58882087（传真）
发 行 部	(010)58882868，58882870（传真）
邮 购 部	(010)58882873
网　　址	www.stdp.com.cn
发 行 者	科学技术文献出版社发行　全国各地新华书店经销
印 刷 者	北京时尚印佳彩色印刷有限公司
版　　次	2019年11月第1版　2019年11月第1次印刷
开　　本	787×1092　1/16
字　　数	198千
印　　张	9
书　　号	ISBN 978-7-5189-6185-6
定　　价	100.00元

版权所有　违法必究

购买本社图书，凡字迹不清、缺页、倒页、脱页者，本社发行部负责调换

2019年版中国科技期刊引证报告（核心版）
社会科学卷

主 任 编 委	戴国强				
副主任编委	郭铁成	武夷山	张玉华	潘云涛	郑彦宁
	曾建勋	庞景安	姚长青		
主　　　编	潘云涛	马　峥			
编写人员	俞征鹿	田瑞强	焦一丹	王　璐	高继平
	宋　扬	王海燕	苏　成	王运红	许晓阳
	贾　佳	郑雯雯	翟丽华	刘亚丽	杨　帅
	张贵兰	李曼迪	石　慧	陈佳琪	崔　通
	苏　鹏	孙荣楠	李潇丽	吴书琼	魏佳丽

本书受国家科技统计专项工作"中国科技论文统计"资助。

通信地址：北京市海淀区复兴路15号　100038
　　　　　中国科学技术信息研究所　科学计量与评价研究中心
网　　址：www.istic.ac.cn
电　　话：010-58882027，58882537，58882539，58882552
传　　真：010-58882028
电子信箱：cstpcd@istic.ac.cn

前　言

　　1987 年，中国科学技术信息研究所（ISTIC）受科学技术部（原国家科委）的委托，开始对中国科技人员在国内外发表论文的数量和被引用情况进行统计分析，并利用统计数据建立了中国科技论文与引文数据库（CSTPCD）。这项工作开展后受到了社会各界的普遍重视和广泛好评，多年以来积累了大量的宝贵数据，为国家科技部等各级管理部门、高等院校、科研机构、期刊编辑部和科研工作者提供了各类论文统计基础数据和期刊评估指标。

　　《中国科技期刊引证报告》（CJCR）的研制出版始于 1997 年，是一种专门用于期刊引用分析研究的重要检索评价工具。利用 CJCR 所提供的统计数据，可以清楚地了解期刊引用和被引用的情况，以及进行引用效率、引用网络、期刊自引等统计分析。同时，利用 CJCR 中的期刊评价指标，还可以方便地定量评价期刊的相互影响和相互作用，正确评估某种期刊在科学交流体系中的作用和地位。自 CJCR 问世以来，在开展科研管理和科学评价期刊方面一直发挥着巨大的作用。

　　为了满足我国期刊评价工作和各级研究成果管理工作的实际需求，从 2015 年开始，中国科技论文与引文数据库覆盖的范围扩展到社会科学领域，CJCR 评价和收录的期刊也扩展到社会科学领域，形成了覆盖自然科学技术和社会科学领域全部研究学科的全面的期刊评价体系。从 2016 年开始，独立出版《中国科技期刊引证报告（核心版）社会科学卷》，覆盖社会科学 40 个学科类别。交叉学科和跨学科期刊复分到 2 个或 3 个学科分类。

　　《2019 年版中国科技期刊引证报告（核心版）社会科学卷》共收录 395 种期刊，是在严格的定量评价和定性分析基础上选取的各个学科的重要科技期刊。其上刊发的论文被收录进入《中国科技论文与引文数据库》（CSTPCD），即中国科学技术信息研究所每年进行中国科技论文统计与分析的数据库。该数据库的统计结果编入国家统计局和科技部编制的《中国科技统计年鉴》，统计结果被科技管理部门和学术界广泛应用。

　　中国科学技术信息研究所在与国际评价机制接轨的同时，充分利用长期积累的科技论文和期刊评价工作经验和丰富数据，选择了总被引频次、影响因子等重要的期刊科学计量指标进行统计和分析，同时注意结合中国科技期刊发展的实际情况，创新了基金论文比、地区分布数、机构分布数、他引率、离均差率等多种期刊评价指标。《2019 年版中国科技期刊引证报告（核心版）社会科学卷》中使用了 25 项科学计量指标，与自然科学卷完全相同，并发布 80 多幅图表。

　　作为新近出版的《中国科技期刊引证报告（核心版）社会科学卷》，难免会存在考虑不周或一些错误和疏漏，诚挚期望广大读者不吝赐教，批评指正。

中国科学技术信息研究所

2019 年 10 月

主要计量指标

2018年社会科学领域中国科技核心期刊（中国科技论文统计源期刊）*主要计量指标分布情况

	平均值	统计数字
核心总被引频次	727 次/刊	≥2 000 次的期刊共有 29 种，≥10 000 次的期刊共有 1 种
核心影响因子	0.620	≥1.000 的期刊共有 69 种，≥2.000 的期刊共有 14 种
核心即年指标	0.139	≥0.100 的期刊共有 188 种
基金论文比	0.58	≥0.80 的期刊共有 52 种
海外论文比	0.03	≥0.2 的期刊共有 3 种
核心他引率	0.84	≥0.95 的期刊共有 87 种
篇均作者数	1.8 人/篇	≥4 人/篇的期刊共有 3 种
篇均引文数	28.9 条/篇	≥20 条/篇的期刊共有 275 种，≥50 条/篇的期刊共有 33 种
综合评价总分	42.4 分	≥50 分的期刊共有 118 种

*社会科学领域中国科技核心期刊（中国科技论文统计源期刊）包括 395 种期刊。

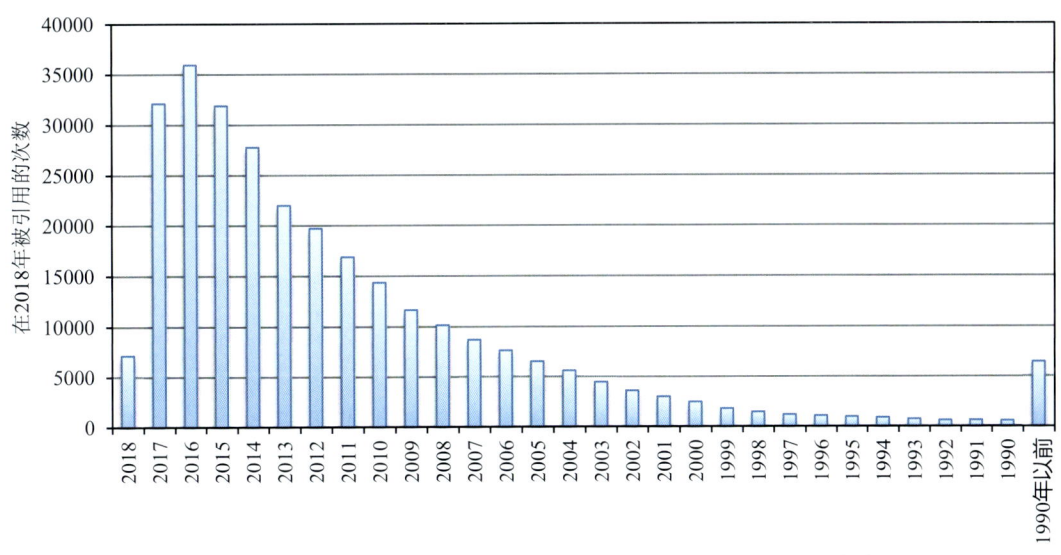

2018年被引用的社会科学领域"中国科技核心期刊（中国科技论文统计源期刊）"论文的发表时间分布图

说明：图中被引用次数统计来源为《2018年度中国科技论文与引文数据库》（CSTPCD 2018）。柱状图示分别表示"中国科技核心期刊（中国科技论文统计源期刊）"各年度发表的论文在2018年被引用的次数。

目 录

1 编制说明 ·· 1

2 使用说明 ·· 5

3 名词解释 ·· 7

4 2018年社会科学领域中国科技核心期刊指标 ··· 11

    表 4-1　2018年社会科学领域中国科技核心期刊被引用指标刊名字顺索引 ············ 11

    表 4-2　2018年社会科学领域中国科技核心期刊来源指标刊名字顺索引 ················ 21

5 2018年各学科分类期刊整体情况 ·· 31

    表 5　2018年各学科分类期刊数量、核心总被引频次和核心影响因子 ··················· 31

6 2018年各学科分类期刊指标情况 ·· 33

    社会科学综合 ··· 33

    社会科学综合大学学报 ·· 35

    社会科学师范大学学报 ·· 37

    马克思主义 ··· 39

    哲学 ·· 41

    宗教学 ··· 43

    语言学综合 ··· 45

    外国语言学 ··· 47

    中国文学 ·· 49

    外国文学 ·· 51

    艺术学 ··· 53

    历史学 ··· 55

    考古学 ··· 57

    经济学综合 ··· 59

    经济大学学报 ··· 61

    国民经济学、管理经济学、数量经济学 ··· 63

会计学、审计学 ……………………………………………………………………………… 65
　　生态农业经济学 ……………………………………………………………………………… 67
　　工商业经济学 ………………………………………………………………………………… 69
　　财政学、金融学、保险学 …………………………………………………………………… 71
　　政治学综合 …………………………………………………………………………………… 73
　　政治大学学报 ………………………………………………………………………………… 75
　　行政学 ………………………………………………………………………………………… 77
　　国际政治学、外交学 ………………………………………………………………………… 79
　　法学综合 ……………………………………………………………………………………… 81
　　部门法学、刑事侦查学、司法鉴定学 ……………………………………………………… 83
　　军事学 ………………………………………………………………………………………… 85
　　社会学综合 …………………………………………………………………………………… 87
　　人口学、劳动科学 …………………………………………………………………………… 89
　　民族学与文化学 ……………………………………………………………………………… 91
　　新闻学与传播学 ……………………………………………………………………………… 93
　　图书馆学、文献学 …………………………………………………………………………… 95
　　情报学 ………………………………………………………………………………………… 97
　　档案学、博物馆学 …………………………………………………………………………… 99
　　教育学综合 …………………………………………………………………………………… 101
　　学前教育学、普通教育学 …………………………………………………………………… 103
　　高等教育学 …………………………………………………………………………………… 105
　　成人教育学、职业技术教育学 ……………………………………………………………… 107
　　体育科学 ……………………………………………………………………………………… 109
　　统计学 ………………………………………………………………………………………… 111

7　2018 年社会科学领域中国科技核心期刊综合评价 …………………………………… 113
　　表 8　2018 年社会科学领域中国科技核心期刊综合评价总分排名 ……………………… 113

8　2018 年社会科学领域中国科技核心期刊目录 …………………………………………… 123
　　表 8　2018 年社会科学领域中国科技核心期刊目录 ……………………………………… 123

9　新入选中国科技核心期刊 …………………………………………………………………… 133
　　表 9　2019 年新入选社会科学领域中国科技核心期刊(中文)目录 …………………… 133

1 编制说明

《2019年版中国科技期刊引证报告（核心版）自然科学卷》以《中国科技论文与引文数据库(CSTPCD)》为基础，采用科学客观的研究方法与评价方式，遴选中国自然科学领域各个学科分类的重要期刊作为统计来源期刊。《2018年版中国科技期刊引证报告（核心版）社会科学卷》收录了在中国（不含港澳台地区）正式出版的395种社会科学领域的"中国科技核心期刊（中国科技论文统计源期刊）"。

1.1 总体设计说明

《2019年版中国科技期刊引证报告（核心版）社会科学卷》包括4个主要部分：

（1）期刊指标总表：期刊被引用指标和期刊来源指标；

（2）各学科期刊指标：各学科期刊整体情况和期刊在学科内相对位置的主要指标和图表；

（3）期刊综合评价指标：综合评价总分、核心影响因子和核心总被引频次的总排名；

（4）中国科技核心期刊（中国科技论文统计源期刊）名录和变更情况。

这4部分独立成系统，又互相联系，构成《2019年版中国科技期刊引证报告（核心版）社会科学卷》的综合评价指标体系，从各个角度对期刊进行统计描述和分析评价。根据这些数据，读者可以对期刊的学术水平、学科地位、编辑状况、交流范围，以及读者满意程度有一个客观、概括的了解。在内容组织和编排上，设计了多角度、多层次查询和评价期刊的丰富功能，图文并茂，可以满足读者在多样化的评估、管理和研究工作中的不同需求。

1.2 各类统计表格的编排

《2019年版中国科技期刊引证报告（核心版）社会科学卷》采用了多种形式的排序格式，包括全部期刊名称字顺排序、学科内期刊名称排序、全部期刊综合评价总分排序和来源期刊总目录等，以帮助读者综合全面地评价分析期刊，迅速有效地检索出所需要的期刊统计信息。

（1）期刊被引用计量指标和来源指标是本报告的主体部分，分为2个主表：

· "表4-1 2018年社会科学领域中国科技核心期刊被引用指标刊名字顺索引"包含中文期刊被引用方面的9项指标数据。全表按照期刊名称汉语拼音字顺排列。

· "表4-2 2018年社会科学领域中国科技核心期刊来源指标刊名字顺索引"包含中文期刊来源文献方面的10项指标数据。全表按照期刊名称汉语拼音字顺排列。

（2）各学科分类期刊计量指标情况是本报告的另一个重要组成部分，包括1个学科分类主表，还包括40个学科分类的数据分表和图表，其编排格式和指标如下：

- 2018年各学科分类的期刊指标整体情况——各学科期刊数、核心总被引频次平均值和中值，以及核心影响因子的平均值和中值。用于了解由于学科差异所导致的各个学科指标差异的整体情况。

- 各个学科分类期刊核心总被引频次和核心影响因子离均差率的分布散点图——根据各个学科分类中，核心期刊总被引频次和核心影响因子数值相对于学科平均水平的距离，分别计算每个期刊核心总被引频次和核心影响因子的"离均差率"，并分别作为横坐标和纵坐标位置绘制各个学科的核心总被引频次和核心影响因子离均差率的分布散点图。通过核心总被引频次和核心影响因子离均差率的分布散点图，可以了解整个学科期刊的指标分布情况和期刊绝对影响能力（核心总被引频次方面）和相对影响效率（核心影响因子方面）的平衡程度。

- 各个学科分类期刊基于互引网络的引证关系示意图——根据各个学科中所收录的期刊相互引用次数的统计数据，计算期刊之间的相似性距离的归一化矩阵，并利用Pajek绘图软件，以图形方式显示学科内不同期刊之间的引用强度和相似性。图中每个节点代表一个期刊，节点面积表示期刊被引用次数的大小，节点之间的连线粗细程度表示期刊引用关系相似程度。为了使图示更加清晰，节点之间联系较弱的连线没有显示。通过互引网络的引证关系示意图，可以清晰地看到学科内期刊相互之间的联系与聚合状态。

- 各学科分类期刊主要指标与排名——分别列出按各学科分类中，按期刊名称排序的40个数据分表，分表列出了各学科期刊的核心总被引频次和核心影响因子的数值与在学科内的排位，以及核心总被引频次和核心影响因子的离均差率。同时还排出了各个期刊的综合评价总分和在学科中的排名，便于读者评价和查询期刊。

（3）综合评价总分排名表——将期刊按综合评价总分排序，并列出了各期刊核心影响因子和核心总被引频次的数值及在全部期刊中的排序，可以大致了解期刊学术质量和影响在全国范围内所处的综合排名。被引用计量指标显示期刊被读者使用和重视的程度，及在科学交流中的地位和作用，是评价期刊影响的重要依据和客观标准。综合评价总分是对期刊整体状况的一个综合描述。根据中国科学技术信息研究所研制的中国科技期刊综合评价指标体系，计算多项科学计量指标，采用层次分析法确定重要指标的权重，分学科对每种期刊进行综合评定，计算出每个期刊的综合评价总分。

（4）刊名目录和变更情况——"2018年社会科学领域中国科技核心期刊目录"包括刊名、主编姓名和期刊的学科分类，按期刊名称排序。还列出与上一年度引证报告相比，期刊收录范围变化情况和刊名变化的情况。期刊改名后，按新刊名计算被引用指标；原刊名被引用数据计入新刊名的统计指标中。

1.3 期刊评价指标

为了全面、准确、公正、客观地评价和利用期刊，《2019年版中国科技期刊引证报告（核心版）社会科学卷》借鉴国际通用评价体系，并在此基础上，结合我国期刊的实际情况，设计计算了25项学术计量指标，基本涵盖和描述了期刊的各个方面。计算各项指标的数据范围仅

为正式刊期中的数据,"增刊"等正刊以外的数据未予以计入。这些指标包括:

(1)期刊被引用计量指标

核心总被引频次、核心影响因子、核心即年指标、核心他引率、核心引用刊数、核心开放因子、核心扩散因子、核心权威因子和核心被引半衰期;

(2)期刊来源计量指标

来源文献量、文献选出率、AR论文量、平均引文数、平均作者数、地区分布数、机构分布数、海外论文比、基金论文比和引用半衰期;

(3)学科分类内期刊计量指标

综合评价总分、学科扩散指标、学科影响指标、红点指标、核心总被引频次(数值、排名与离均差率)和核心影响因子(数值、排名与离均差率)。

此外,报告还分别计算了期刊综合评价总分、核心总被引频次和核心影响因子在其所在学科分类内和全部自然科学领域"中国科技核心期刊(中国科技论文统计源期刊)"中的排名。

《2019年版中国科技期刊引证报告(核心版)社会科学卷》引用部分指标是采用"中国科技论文引文数据库(CSTPCD)"2437种自然科学和社会科学期刊作为统计源,而《2019年版中国科技期刊引证报告(扩刊版)》是采用6000多种期刊作为数据源,因此"影响因子"等引用部分指标数值会有所不同。为了方便读者使用,《中国科技期刊引证报告(核心版)社会科学卷》以"核心影响因子"和"核心总被引频次"等名称来替代以前出版的"核心版"报告中相应的"影响因子"和"总被引频次"等指标,与"扩刊版"报告中的"扩展影响因子"和"扩展总被引频次"等指标加以区别。

1.4 期刊的学科分类

学科是随着科学技术的发展而不断融合、衍生和变化的。一些交叉领域的期刊,刊载内容是跨学科的科研成果。《2019年版中国科技期刊引证报告(核心版)社会科学卷》根据每个期刊刊载论文的主要分布领域,将覆盖多学科和跨学科内容的期刊复分归入2个或3个学科分类。依据《学科分类与代码(国家标准GB/T 13745—2009)》和《中国图书资料分类法(第四版)》的学科分类原则,同时考虑到我国科技期刊的实际分布情况,《2019年版中国科技期刊引证报告(核心版)社会科学卷》将来源期刊分别归类到40个学科类别(表1)。

表1 学科分类表

领　域	学科分类		
社会科学综合	·社会科学综合	·社会科学综合大学学报	·社会科学师范大学学报
人文艺术	·马克思主义 ·哲学 ·宗教学 ·语言学综合	·外国语言学 ·中国文学 ·外国文学 ·艺术学	·历史学 ·考古学
经济政治	·经济学综合 ·经济大学学报 ·国民经济学、管理经济学、数量经济学 ·会计学、审计学 ·生态农业经济学 ·工商业经济学	·财政学、金融学、保险学 ·政治学综合 ·政治大学学报 ·行政学 ·国际政治学、外交学 ·法学综合	·部门法学、刑事侦查学、司法鉴定学 ·军事学 ·社会学综合 ·人口学、劳动科学 ·民族学与文化学
传播教育	·新闻学与传播学 ·图书馆学、文献学 ·情报学 ·档案学、博物馆学	·教育学综合 ·学前教育学、普通教育学 ·高等教育学	·成人教育学、职业技术教育学 ·体育科学
统计	·统计学		

2 使用说明

《中国科技期刊引证报告》是用于中国科技期刊分析与评价的科学计量工具。报告可用于定量分析和科学评价期刊的学术特征和学科地位，较为客观地反映期刊发展的趋势和规律，为科研管理和决策提供依据。因此，本报告在期刊分析评价和科学计量学研究与应用等方面具有其他检索评价工具无法取代的独特功能。正确使用和充分开发本报告，可以使其成为科研工作者、期刊编辑部、图书情报人员、科研管理人员和科学计量学家的得力助手和有效工具。

2.1 主要功能

《中国科技期刊引证报告》应用引文分析方法及各种量化指标，可以清楚地表明：

· 某一学科领域内，哪些期刊学术影响力较大；

· 某一学科领域内，期刊之间指标分布情况和互引关系分布情况如何；

· 某一种期刊被引用了多少次；

· 某一种期刊出版后多久被引用；

· 某一种期刊引用其他期刊多少次；

· 某一种期刊的各项学术指标在学科中所处的位置。

根据使用者的工作性质，本报告可以给使用者不同的有益提示。例如：

· 帮助科研人员发表论文时，选择相关领域的最适合的期刊，提高论文的知名度和影响；

· 帮助期刊编辑与同类刊物相比较并评估自刊的地位，从而确定编辑和出版策略；

· 帮助科研管理人员科学地评价管理期刊，为开展期刊评比和择优资助提供决策依据；

· 帮助图书情报人员更有效地管理馆藏期刊文献，合理运用有限的预算订购重要期刊；

· 帮助科学计量学家开展相关的期刊评价与分析研究，以及进行学科的科学评估。

2.2 查阅方法

2.2.1 查询期刊指标

报告的第4部分包括2个表格：，"表4-1 2018年社会科学领域中国科技核心期刊被引用指标刊名字顺索引"、"表4-2 2018年社会科学领域中国科技核心期刊来源指标刊名字顺索引"。这2个表格分别按照期刊名称汉语拼音字顺排列，分列出了期刊的多项科学计量指标。

2.2.2 期刊在学科领域内学术指标位置

如果读者希望了解某一个期刊在其所属学科领域中的位置,可查询"表8 2018年社会科学领域中国科技核心期刊目录"找到该刊所在的分类。再到"表5 2018年各学科分类期刊数量、总被引频次和影响因子"中检索到这一分类的具体位置,也就是在第6部分中相应的表格。在第6部分各学科分类的图表和数据表中,可以进一步查阅在期刊总被引频次和影响因子的分类排序,以及综合评价总分的数值,还可以对照各学科平均总被引频次和平均影响因子,以及离均差率分布图,了解期刊在学科中的具体位置,了解学科在期刊的互引关系。在使用时需要考虑指标分布的整体情况及其由于学科不同所造成的指标差异。

2.2.3 期刊在所有期刊中的学术指标位置

根据查询所得的期刊综合评价指标,可以在"表7 2018年社会科学领域中国科技核心期刊综合评价总分排名"中检索出该期刊在全部期刊中的学术指标位置。同时还可以检索出中国科技核心期刊的核心总被引频次总排序和核心影响因子总排序及各期刊在全部期刊中的排位。

2.3 评价方法

利用《中国科技期刊引证报告(核心版)》评价期刊有两种方式,即单一指标评价和综合指标评价。具体方法分述如下。

2.3.1 单一指标评价

单一指标评价主要是指按照影响因子和总被引频次这两个国际通行评价指标,对期刊进行评价。这时可通过期刊的影响因子排序表和总被引频次排序表确定该期刊在同类期刊中所处的位置,从而对该期刊的学术影响力和学科地位进行评价和评估。还可以通过影响因子总排序表和总被引频次总排序表在不同学科领域中进行横向比较,确定该期刊的位置。单一指标评价也可以通过期刊来源指标刊名字顺索引表对期刊的编辑状况、交流范围、论文质量和老化速率等进行统计、分析、比较和评估。

2.3.2 综合指标评价

由于期刊评价工作是一项非常复杂的工作,涉及领域广,学科差异大,因此单一指标往往难以全面、准确地评价期刊的学术水平和学科地位,这时一般需要通过综合指标评价,以使期刊评价更加客观、全面和准确。要进行期刊的综合指标评价,首先需要建立期刊综合评价指标体系,利用数学方法确定各指标的权重值,然后求出综合指标排序值,最终得到期刊指标的综合排序。

这种期刊评价方法已被广泛地推广和使用,1999年中国科学技术信息研究所在国内首先提出了中国科技期刊综合评价指标体系。根据这一指标体系,计算得出的综合评价总分,即是一种综合评价的结果。

3 名词解释

核心总被引频次：期刊自创刊以来所登载的全部论文在统计当年被引用的总次数，可以显示该期刊被使用和受重视的程度，以及在科学交流中的绝对影响力的大小。

核心影响因子：期刊评价前 2 年发表论文的篇均被引用的次数，用于测度期刊学术影响力。

$$影响因子 = \frac{该刊前两年发表论文在统计当年被引用的总次数}{该刊前两年发表论文总数}$$

核心即年指标：期刊当年发表的论文在当年被引用的情况，表征期刊即时反应速率的指标。

$$即年指标 = \frac{该期刊当年发表论文的被引用次数}{该期刊当年发表论文总数}$$

核心他引率：期刊总被引频次中，被其他刊引用次数所占的比例，测度期刊学术传播能力。

$$他引率 = \frac{被其他刊引用的次数}{期刊被引用的总次数}$$

核心引用刊数：引用被评价期刊的期刊数，反映被评价期刊被使用的范围。

核心开放因子：期刊被引用次数的一半所分布的最小施引期刊数量，体现学术影响的集中度。

核心扩散因子：期刊当年每被引 100 次所涉及的期刊数，测度期刊学术传播范围。

$$扩散因子 = \frac{总被引频次涉及的期刊数 \times 100}{总被引频次}$$

学科扩散指标：在统计源期刊范围内，引用该刊的期刊数量与其所在学科全部期刊数量之比。

$$学科扩散指标 = \frac{引用刊数}{所在学科期刊数}$$

学科影响指标：指期刊所在学科内，引用该刊的期刊数占全部期刊数量的比例。

$$学科影响指标 = \frac{所在学科内引用被评价期刊的数量}{所在学科期刊数}$$

核心权威因子：利用 PageRank 算法计算出来的来源期刊在统计当年的 PageRank 值。与其他单纯计算被引次数的指标不同的是，权威因子考虑了不同引用之间的重要性区别，重要的引用被赋予更高的权值，因此能更好地反映期刊的权威性。

核心被引半衰期：指该期刊在统计当年被引用的全部次数中，较新一半是在多长一段时间内发表的。被引半衰期是测度期刊老化速度的一种指标，通常不是针对个别文献或某一组文献，而是对某一学科或专业领域的文献的总和而言。

来源文献量：指符合统计来源论文选取原则的文献的数量。在期刊发表的全部内容中，只有报道科学发现和技术创新成果的学术技术类文献用于作为中国科技论文统计工作的数据来源。

文献选出率：指来源文献量与期刊全年发表的所有文献总量之比，用于反映期刊发表内容中，报道学术技术类成果的比例。

AR 论文量：指期刊所发表的文献中，文献类型为学术性论文（Article）和综述评论性论文（Review）的论文数量，用于反映期刊发表的内容中学术性成果的数量。

平均引文数：指来源期刊每一篇论文平均引用的参考文献数。论文所引用的全部参考文献数，是衡量该期刊科学交流程度和吸收外部信息能力的一个指标。

平均作者数：指来源期刊每一篇论文平均拥有的作者数，是衡量该期刊科学生产能力的一个指标。

地区分布数：指来源期刊登载论文所涉及的地区数，按全国 31 个省、自治区和直辖市计（不含港、澳、台地区）。这是衡量期刊论文覆盖面和全国影响力大小的一个指标。

机构分布数：指来源期刊论文的作者所涉及的机构数。这是衡量期刊科学生产能力的另一个指标。

海外论文比：指来源期刊中，海外作者发表论文占全部论文的比例。这是衡量期刊国际交流程度的一个指标。

基金论文比：指来源期刊中，国家、省部级以上及其他各类重要基金资助的论文占全部论文的比例。这是衡量期刊论文学术质量的重要指标。

引用半衰期：指该期刊引用的全部参考文献中，较新一半是在多长一段时间内发表的。通过这个指标可以反映出作者利用文献的新颖度。

离均差率：指期刊的某项指标与其所在学科的平均值之间的差距与平均值的比例。通过这项指标可以反映期刊的单项指标在学科内的相对位置。

$$某项指标的离均差率 = \frac{被评价期刊的指标 - 所在学科内该项指标的平均值}{所在学科内该项指标的平均值}$$

红点指标：指该期刊发表的论文中，关键词与其所在学科排名前1%的高频关键词重合的论文所占的比例。通过这个指标可以反映出期刊论文与学科研究热点的重合度。

综合评价总分：根据中国科技期刊综合评价指标体系，计算多项科学计量指标，采用层次分析法确定重要指标的权重，分学科对每种期刊进行综合评定，计算出每个期刊的综合评价总分。

综合评价总分是根据科学计量学原理，系统性地综合考虑被评价期刊的各影响力指标（核心总被引频次、核心影响因子、核心他引率、基金论文比、引文率等）在其所在学科中的相对位置，并按照一定的权重系数将这些指标进行综合集成。

具体的算法如下：

$$综合评价总分 = \sum_{i=1}^{n} \mu_i k_i$$

其中，μ 为各指标的权重系数，k 为影响力指标的相对位置的得分。k 的计算公式如下：

$$k = \frac{x - x_{\min}}{x_{\max} - x_{\min}}$$

其中，x 为影响力指标的得分，比如，对于总被引频次指标来说就是该刊的总被引频次。$x_{\max}$ 为该刊所在学科的影响力指标的最大值，比如，对于总被引频次指标来说就是该刊所在学科期刊的总被引频次的最大值。$x_{\min}$ 为该刊所在学科的影响力指标的最小值，比如，对于总被引频次指标来说就是该刊所在学科期刊的总被引频次的最小值。

各影响力指标对期刊的作用不是同等重要的。因此，不同的指标被赋予了不同的权重系数 μ，权重系数是采用专家打分和层次分析法确定的。在《2019年版中国科技期刊引证报告（核心版）社会科学卷》中，权重系数总和为100，即综合评价总分在0至100之间。数值越大，说明该期刊的综合学术质量和影响力越高。

根据综合评价指标体系的设计原理，综合评价总分已经屏蔽了各个学科之间总体指标背景值的差异，可以进行跨学科比较。

中国科学技术信息研究所每年定期出版《中国科技期刊引证报告》，公布"中国科技论文引文数据库"（CSTPCD）收录的中国科技论文统计源期刊的多项科学计量指标。从1999年开始，中国科学技术信息研究所就开始以这些指标为基础，研制发布了"中国科技期刊综合评价指标体系"，采用层次分析法，由专家打分确定了重要指标的权重，并分学科对每种期刊进行了综合评定。从2015年开始扩展为包括自然科学领域和社会科学领域的全学科期刊评价体系，形成了目前这一套日臻完善的学术期刊评价工具。

4　2018年社会科学领域中国科技核心期刊指标

表4-1　2018年社会科学领域中国科技核心期刊被引用指标刊名字顺索引

CODE	刊名	核心总被引频次	核心影响因子	核心即年指标	核心他引率	核心引用刊数	核心开放因子	核心扩散因子	核心权威因子	核心被引半衰期
S151	安徽师范大学学报人文社会科学版	114	0.107	0.052	0.90	82	25	71.93	20.08	5.9
S152	北京大学教育评论	532	0.987	0.045	0.92	126	13	23.68	90.01	6.5
S929	北京大学学报哲学社会科学版	819	0.362	0.168	0.98	301	61	36.75	144.48	13.2
S153	北京电影学院学报	116	0.126	0.016	0.87	25	2	21.55	30.10	5.2
S154	北京工商大学学报社会科学版	334	0.647	0.157	0.87	146	26	43.71	42.37	4.4
S930	北京师范大学学报社会科学版	623	0.500	0.074	0.97	253	41	40.61	101.82	8.7
S877	北京体育大学学报	1247	0.569	0.237	0.70	205	5	16.44	139.18	5.0
S156	北京行政学院学报	241	0.402	0.011	0.97	130	30	53.94	35.82	4.4
S666	比较教育研究	703	0.444	0.044	0.84	116	9	16.50	121.45	5.9
A570	编辑学报	1455	1.422	0.343	0.50	123	1	8.45	139.35	4.3
S731	财经科学	814	0.732	0.139	0.97	233	41	28.62	102.25	4.4
S647	财经理论与实践	472	0.616	0.157	0.83	163	23	34.53	60.47	3.9
S147	财经论丛	410	0.509	0.109	0.91	150	26	36.59	51.20	3.7
S732	财经问题研究	859	0.502	0.092	0.94	248	39	28.87	109.53	4.8
S733	财经研究	1936	1.472	0.297	0.96	264	38	13.64	248.03	5.1
S734	财贸经济	2075	1.787	0.283	0.94	274	35	13.20	270.97	5.3
S735	财政研究	887	1.051	0.218	0.83	221	24	24.92	118.03	4.4
S159	产业经济研究	793	1.770	0.644	0.86	191	26	24.09	99.24	4.4
S736	城市发展研究	1813	0.790	0.137	0.92	336	19	18.53	200.61	5.3
S737	城市问题	1026	0.694	0.081	0.89	287	25	27.97	117.68	5.5
S443	重庆大学学报社会科学版	346	0.371	0.107	0.92	188	41	54.34	44.71	5.0
S892	大学图书馆学报	832	1.272	0.240	0.92	78	5	9.38	97.35	4.5
S738	当代财经	940	1.020	0.264	0.82	216	22	22.98	121.61	4.2
S160	当代电影	527	0.117	0.079	0.52	42	2	7.97	138.54	5.2
S740	当代经济研究	425	0.362	0.074	0.92	165	27	38.82	56.70	5.1
S161	当代青年研究	167	0.151	0.034	0.87	77	7	46.11	27.24	6.2
S162	当代外国文学	95	0.101	0.000	0.73	31	4	32.63	21.57	6.5
S164	当代亚太	240	0.632	0.160	0.79	59	3	24.58	40.96	6.0
S165	当代语言学	266	0.316	0.049	0.88	51	7	19.17	63.72	10.9
S166	当代作家评论	288	0.140	0.019	0.80	43	4	14.93	78.22	9.8
S608	档案学通讯	533	0.527	0.109	0.51	40	2	7.50	87.39	6.0
S609	档案学研究	381	0.507	0.073	0.60	40	2	10.50	62.26	3.8
S167	党的文献	162	0.152	0.054	0.87	75	11	46.30	29.58	7.5
S169	电影艺术	352	0.167	0.201	0.83	35	3	9.94	92.99	9.0
S170	东北大学学报社会科学版	184	0.270	0.053	0.95	125	36	67.93	25.00	4.7
S171	东北亚论坛	229	0.676	0.197	0.76	89	10	38.86	33.22	3.2
S172	东南大学学报哲学社会科学版	252	0.390	0.052	0.96	160	40	63.49	37.99	4.6
S173	东南文化	327	0.185	0.063	0.68	86	5	26.30	64.24	10.8

表 4-1　2018 年社会科学领域中国科技核心期刊被引用指标刊名字顺索引（续）

CODE	刊　名	核心总被引频次	核心影响因子	核心即年指标	核心他引率	核心引用刊数	核心开放因子	核心扩散因子	核心权威因子	核心被引半衰期
S174	东南学术	355	0.248	0.085	0.95	198	51	55.77	55.21	5.4
S175	敦煌学辑刊	158	0.070	0.014	0.66	38	3	24.05	36.88	13.5
S176	敦煌研究	369	0.080	0.000	0.69	73	4	19.78	78.80	13.8
S177	俄罗斯文艺	62	0.050	0.000	0.58	16	2	25.81	18.93	6.3
S621	法律科学-西北政法大学学报	1068	1.398	0.422	0.95	148	13	13.86	181.30	5.1
S622	法商研究	1201	1.126	0.314	0.91	156	13	12.99	202.31	5.6
S623	法学	1831	1.291	0.322	0.91	202	14	11.03	310.47	5.4
S624	法学家	1066	1.808	0.385	0.91	149	11	13.98	182.01	5.4
S178	法学论坛	602	0.646	0.320	0.94	143	16	23.75	100.13	5.7
S625	法学评论	963	1.132	0.446	0.96	158	15	16.41	163.63	5.3
S626	法学研究	2358	2.970	0.761	0.96	190	12	8.06	404.09	7.2
S319	法学杂志	755	0.507	0.251	0.91	181	18	23.97	123.72	5.6
S627	法制与社会发展	802	1.079	0.377	0.91	135	12	16.83	136.87	5.6
S179	方言	327	0.222	0.000	0.65	28	2	8.56	81.30	14.6
S933	福建师范大学学报哲学社会科学版	214	0.171	0.026	0.91	148	41	69.16	35.37	6.1
S852	妇女研究论丛	306	0.455	0.197	0.70	96	7	31.37	51.84	5.0
S934	复旦学报社会科学版	466	0.330	0.086	0.97	243	57	52.15	78.77	9.1
S743	改革	1379	1.099	0.665	0.85	299	32	21.68	172.65	3.9
S181	甘肃政法学院学报	206	0.285	0.147	0.93	79	14	38.35	34.21	6.3
S668	高等工程教育研究	1050	1.017	0.254	0.69	146	4	13.90	139.80	3.5
S669	高等教育研究	1280	0.719	0.110	0.86	188	9	14.69	205.64	6.6
J067	工业技术经济	802	0.523	0.102	0.88	256	21	31.92	92.02	4.0
S183	公共行政评论	475	0.938	0.217	0.87	158	20	33.26	72.81	4.7
S184	古汉语研究	117	0.141	0.020	0.82	31	4	26.50	27.30	12.3
S185	古籍整理研究学刊	60	0.043	0.008	0.77	33	6	55.00	13.72	9.0
S188	广东财经大学学报	238	1.088	0.145	0.86	126	26	52.94	30.66	2.6
S936	广西民族大学学报哲学社会科学版	387	0.166	0.006	0.81	142	13	36.69	65.95	7.4
S190	贵州财经大学学报	212	0.714	0.149	0.96	102	20	48.11	25.77	3.0
S746	国际金融研究	1313	1.673	0.280	0.90	165	20	12.57	172.95	4.5
S747	国际经济合作	321	0.237	0.146	0.80	133	19	41.43	40.57	3.9
S831	国际经贸探索	474	0.829	0.087	0.85	145	18	30.59	60.22	3.9
S750	国际贸易问题	2105	1.496	0.176	0.89	243	22	11.54	268.60	4.4
S192	国际商务-对外经济贸易大学学报	220	0.563	0.096	0.90	103	19	46.82	28.23	3.3
S751	国际商务研究	115	0.379	0.140	0.97	72	19	62.61	15.65	3.5
L042	国际石油经济	412	0.406	0.215	0.76	117	7	28.40	45.24	3.1
S194	国家检察官学院学报	333	0.677	0.154	0.89	64	9	19.22	58.73	4.7
S195	国家教育行政学院学报	361	0.359	0.099	0.89	118	10	32.69	55.33	3.8
S197	国家图书馆学刊	345	0.581	0.274	0.90	48	5	13.91	41.05	4.0
S193	国家行政学院学报	670	0.871	0.179	0.96	252	45	37.61	96.15	3.9
S199	海交史研究	63	0.022	0.000	0.56	22	2	34.92	15.17	15.8
S200	汉语学习	292	0.210	0.071	0.66	39	3	13.36	72.77	10.6
S204	河北师范大学学报教育科学版	175	0.180	0.052	0.87	72	10	41.14	28.83	5.0
S272	河海大学学报哲学社会科学版	193	0.385	0.159	0.87	109	25	56.48	25.90	3.3

表 4-1　2018 年社会科学领域中国科技核心期刊被引用指标刊名字顺索引（续）

CODE	刊名	核心总被引频次	核心影响因子	核心即年指标	核心他引率	核心引用刊数	核心开放因子	核心扩散因子	核心权威因子	核心被引半衰期
S205	河南大学学报社会科学版	218	0.231	0.060	0.89	132	32	60.55	37.25	5.9
S206	红楼梦学刊	321	0.265	0.026	0.33	28	1	8.72	102.61	9.1
S209	湖南大学学报社会科学版	191	0.173	0.029	0.94	132	37	69.11	29.43	4.8
S210	湖南科技大学学报社会科学版	223	0.277	0.102	0.88	113	19	50.67	34.72	2.9
S211	湖南社会科学	271	0.153	0.051	0.96	171	47	63.10	39.35	4.7
S212	湖南师范大学教育科学学报	167	0.291	0.094	0.68	59	7	35.33	28.48	3.3
S213	湖南师范大学社会科学学报	196	0.163	0.017	0.94	136	38	69.39	31.28	6.1
S673	华东师范大学学报教育科学版	493	1.234	0.418	0.96	118	13	23.94	83.59	2.9
S939	华东师范大学学报哲学社会科学版	311	0.261	0.112	0.93	168	44	54.02	52.65	5.1
S214	华东政法大学学报	464	0.727	0.359	0.97	111	12	23.92	79.10	4.2
S940	华南师范大学学报社会科学版	320	0.365	0.070	0.91	186	45	58.13	49.55	4.7
S215	华侨华人历史研究	91	0.209	0.045	0.53	25	2	27.47	21.45	10.8
S941	华中师范大学学报人文社会科学版	591	0.346	0.096	0.96	262	52	44.33	93.42	6.0
S216	黄钟-中国-武汉音乐学院学报	107	0.073	0.000	0.80	19	3	17.76	42.03	9.6
S942	吉林大学社会科学学报	540	0.444	0.108	0.97	234	48	43.33	85.30	6.4
S718	技术经济	924	0.754	0.124	0.78	252	16	27.27	107.81	4.3
S719	技术经济与管理研究	565	0.321	0.069	0.85	212	22	37.52	66.95	3.9
S832	价格理论与实践	1255	0.593	0.228	0.49	247	1	19.68	144.74	2.8
S944	江海学刊	545	0.278	0.050	0.97	232	50	42.57	87.05	6.5
S674	江苏高教	450	0.326	0.091	0.77	105	7	23.33	68.71	3.4
S854	江苏社会科学	621	0.318	0.096	0.92	270	53	43.48	100.14	7.4
S219	江苏行政学院学报	296	0.419	0.095	0.98	154	37	52.03	46.92	4.7
S220	江西财经大学学报	289	0.636	0.225	0.85	152	30	52.60	37.21	3.5
S946	江西社会科学	714	0.221	0.041	0.92	293	55	41.04	108.88	5.1
S221	交响-西安音乐学院学报	88	0.046	0.011	0.64	16	2	18.18	36.81	12.7
S222	教师教育研究	360	0.372	0.036	0.80	81	8	22.50	61.24	5.0
S675	教学与研究	385	0.329	0.077	0.94	152	26	39.48	61.07	5.6
S223	教育财会研究	67	0.149	0.000	0.30	15	1	22.39	24.09	3.4
S676	教育发展研究	955	0.514	0.060	0.85	148	11	15.50	158.35	4.8
S677	教育科学	312	0.451	0.136	0.72	93	8	29.81	51.71	5.3
S415	教育生物学杂志	48	0.354	0.027	0.90	33	10	68.75	5.71	3.1
S224	教育学报	299	0.419	0.070	0.90	82	9	27.42	52.06	5.3
S681	教育研究	2312	1.203	0.179	0.87	254	13	10.99	392.41	5.3
S682	教育研究与实验	286	0.254	0.010	0.90	104	12	36.36	48.36	9.4
S683	教育与经济	294	0.520	0.216	0.74	93	9	31.63	50.63	5.0
S225	解放军外国语学院学报	276	0.218	0.057	0.63	62	4	22.46	69.08	6.9
S226	金融经济学研究	284	0.737	0.125	0.91	109	20	38.38	36.63	3.6
S652	金融理论与实践	313	0.201	0.049	0.81	123	22	39.30	39.26	3.8
S227	金融论坛	456	1.133	0.143	0.64	118	7	25.88	60.00	3.2
S757	金融研究	5595	3.050	0.321	0.92	266	30	4.75	735.67	6.2
S228	近代史研究	489	0.686	0.068	0.80	107	9	21.88	97.27	11.4
S759	经济管理	1825	1.374	0.319	0.86	280	27	15.34	230.51	4.7
S760	经济经纬	716	0.693	0.228	0.86	213	29	29.75	87.83	4.2

表 4-1　2018 年社会科学领域中国科技核心期刊被引用指标刊名字顺索引（续）

CODE	刊　名	核心总被引频次	核心影响因子	核心即年指标	核心他引率	核心引用刊数	核心开放因子	核心扩散因子	核心权威因子	核心被引半衰期
S761	经济科学	801	1.248	0.138	0.98	205	42	25.59	103.65	6.3
S762	经济理论与经济管理	885	0.954	0.123	0.97	232	45	26.21	112.27	5.4
S764	经济评论	936	1.379	0.258	0.96	238	41	25.43	120.39	5.5
S765	经济社会体制比较	1040	0.754	0.167	0.96	272	49	26.15	147.11	6.1
S767	经济体制改革	613	0.481	0.103	0.95	224	46	36.54	76.78	4.6
S768	经济问题	1025	0.680	0.152	0.89	287	33	28.00	121.90	3.9
S769	经济问题探索	1210	0.720	0.093	0.94	301	37	24.88	144.93	4.1
S229	经济学	2915	2.800	0.516	0.97	291	32	9.98	380.54	6.7
S282	经济学报	107	0.594	0.036	0.95	62	15	57.94	14.55	3.6
S721	经济学动态	1633	1.228	0.234	0.95	304	46	18.62	216.27	4.9
S771	经济学家	1490	1.366	0.272	0.96	292	44	19.60	190.36	4.7
S772	经济研究	15349	5.384	0.793	0.96	450	36	2.93	2006.70	7.5
S230	经济与管理评论	363	0.815	0.159	0.72	132	11	36.36	45.56	2.8
S773	经济与管理研究	775	0.624	0.237	0.94	250	40	32.26	96.22	4.0
S774	经济纵横	896	0.660	0.185	0.94	263	34	29.35	109.09	3.5
S231	军事历史研究	73	0.173	0.000	0.88	31	6	42.47	13.86	6.9
S232	军事运筹与系统工程	249	0.429	0.075	0.82	69	6	27.71	27.87	5.9
S233	开放教育研究	438	0.791	0.299	0.86	121	13	27.63	66.26	3.9
S234	开放时代	1039	0.811	0.164	0.92	212	28	20.40	173.52	6.7
S155	开放学习研究	78	0.557	0.275	0.33	19	1	24.36	22.80	1.8
S235	抗日战争研究	147	0.294	0.020	0.74	44	4	29.93	31.23	9.7
S808	考古	1496	0.378	0.113	0.80	124	5	8.29	321.33	21.7
S809	考古学报	626	0.444	0.100	0.83	97	5	15.50	136.96	34.4
S810	考古与文物	614	0.358	0.096	0.49	73	1	11.89	137.70	8.6
S236	课程·教材·教法	607	0.339	0.047	0.59	82	3	13.51	115.84	5.9
S756	会计研究	3154	1.611	0.088	0.88	201	16	6.37	428.36	5.5
S217	会计与经济研究	136	0.485	0.277	0.84	55	6	40.44	18.28	3.4
S947	兰州大学学报社会科学版	281	0.219	0.051	0.91	179	43	63.70	41.36	5.9
S237	理论探讨	376	0.341	0.090	0.93	166	33	44.15	53.83	4.2
S238	理论与改革	340	0.307	0.167	0.92	172	33	50.59	50.25	4.0
S239	历史教学问题	58	0.047	0.008	0.84	28	7	48.28	12.01	8.2
S240	历史研究	846	0.449	0.014	0.92	170	19	20.09	172.26	15.4
S242	林业经济问题	423	0.897	0.330	0.45	87	1	20.57	45.90	3.3
S243	鲁迅研究月刊	172	0.048	0.022	0.62	33	2	19.19	46.43	12.0
S244	伦理学研究	189	0.150	0.040	0.78	88	16	46.56	30.49	5.1
S245	旅游科学	479	0.759	0.026	0.94	125	11	26.10	52.54	6.7
S616	旅游学刊	2663	1.192	0.074	0.79	254	8	9.54	289.63	6.2
S246	马克思主义研究	607	0.475	0.112	0.73	147	10	24.22	98.58	4.3
S247	马克思主义与现实	490	0.277	0.072	0.94	170	29	34.69	80.61	7.5
S637	煤炭经济研究	330	0.394	0.233	0.42	78	1	23.64	40.25	2.5
S248	美术研究	83	0.051	0.000	0.67	33	3	39.76	20.95	13.5
S249	民族教育研究	232	0.294	0.189	0.37	52	1	22.41	50.79	5.0
S251	民族文学研究	158	0.153	0.000	0.45	37	1	23.42	45.31	8.5

表 4-1 2018 年社会科学领域中国科技核心期刊被引用指标刊名字顺索引（续）

CODE	刊　名	核心总被引频次	核心影响因子	核心即年指标	核心他引率	核心引用刊数	核心开放因子	核心扩散因子	核心权威因子	核心被引半衰期
S252	民族研究	437	0.366	0.209	0.80	117	7	26.77	81.58	9.0
S253	民族艺术	182	0.230	0.033	0.80	52	7	28.57	45.15	4.6
S254	明清小说研究	105	0.125	0.019	0.74	34	4	32.38	28.19	10.9
S255	南方文坛	207	0.105	0.029	0.89	34	4	16.43	56.34	8.4
S950	南京大学学报哲学·人文科学·社会科学	394	0.375	0.061	0.98	208	55	52.79	64.01	6.9
S858	南京社会科学	913	0.503	0.124	0.96	317	61	34.72	137.72	4.8
S777	南开经济研究	905	1.431	0.034	0.97	203	36	22.43	117.61	6.3
S953	南开学报哲学社会科学版	343	0.452	0.102	0.98	196	51	57.14	54.53	5.9
S839	农村经济	1266	0.712	0.157	0.89	264	19	20.85	139.77	4.2
S778	农业技术经济	2013	1.567	0.301	0.88	280	15	13.91	210.39	5.3
S779	农业经济问题	2762	1.980	0.465	0.90	346	15	12.53	299.15	5.3
S639	企业经济	567	0.230	0.052	0.88	227	30	40.04	66.80	4.6
S258	青年探索	157	0.252	0.193	0.77	49	3	31.21	27.13	4.7
S259	青年研究	436	0.471	0.098	0.92	137	10	31.42	72.76	7.7
S260	青少年犯罪问题	270	0.623	0.025	0.27	36	1	13.33	60.69	4.2
S687	清华大学教育研究	631	0.741	0.106	0.92	155	13	24.56	98.07	5.7
S955	清华大学学报哲学社会科学版	526	0.673	0.050	0.98	245	57	46.58	86.00	5.3
S844	情报工程	117	0.490	0.242	0.79	44	5	37.61	12.82	2.2
S846	情报科学	2321	1.189	0.253	0.83	321	6	13.83	267.37	3.6
S847	情报理论与实践	2404	1.317	0.312	0.85	254	5	10.57	277.54	3.8
W020	情报学报	1263	1.312	0.147	0.84	174	5	13.78	144.27	4.8
S848	情报杂志	3074	1.152	0.220	0.81	369	6	12.00	355.08	4.2
S849	情报资料工作	736	1.149	0.235	0.93	97	6	13.18	85.07	4.3
S261	求实	276	0.393	0.176	0.97	148	37	53.62	38.45	4.1
S956	求是	873	0.256	0.124	1.00	270	41	30.93	136.83	4.2
S958	求索	539	0.176	0.175	0.98	270	62	50.09	78.83	5.7
S688	全球教育展望	543	0.543	0.099	0.91	90	8	16.57	98.43	5.8
S106	全球科技经济瞭望	171	0.252	0.033	0.82	57	5	33.33	19.40	3.3
S860	人口研究	1368	2.243	0.426	0.91	311	32	22.73	173.03	6.6
S862	人口与经济	790	0.993	0.164	0.94	256	42	32.41	101.52	5.3
S628	人民检察	452	0.141	0.012	0.77	67	6	14.82	80.03	5.5
S263	人民音乐	264	0.050	0.041	0.73	28	3	10.61	105.90	15.3
S617	人文地理	2290	1.295	0.103	0.91	281	11	12.27	238.71	6.6
S819	软科学	2001	0.815	0.099	0.86	356	23	17.79	235.47	4.4
S264	山东大学学报哲学社会科学版	368	0.441	0.171	0.95	197	48	53.53	54.74	5.0
S961	山西财经大学学报	766	0.808	0.198	0.92	213	28	27.81	95.49	5.2
S964	陕西师范大学学报哲学社会科学版	304	0.307	0.154	0.80	155	28	50.99	52.64	6.0
S834	商业经济与管理	600	0.628	0.052	0.93	187	25	31.17	74.05	5.1
S835	商业研究	729	0.415	0.026	0.96	247	36	33.88	89.49	4.7
S265	上海财经大学学报哲学社会科学版	301	0.689	0.153	0.90	154	35	51.16	39.71	4.4
S965	上海大学学报社会科学版	175	0.309	0.132	0.98	111	30	63.43	32.08	5.4
S266	上海翻译	330	0.534	0.371	0.44	33	1	10.00	84.24	4.6
S268	上海金融	310	0.209	0.062	0.90	128	22	41.29	40.47	4.6

表 4-1 2018 年社会科学领域中国科技核心期刊被引用指标刊名字顺索引（续）

CODE	刊 名	核心总被引频次	核心影响因子	核心即年指标	核心他引率	核心引用刊数	核心开放因子	核心扩散因子	核心权威因子	核心被引半衰期
S781	上海经济研究	746	0.610	0.193	0.96	240	40	32.17	93.80	4.7
S269	上海师范大学学报哲学社会科学版	206	0.252	0.064	0.89	131	33	63.59	37.44	6.4
S883	上海体育学院学报	481	0.639	0.224	0.85	72	4	14.97	56.34	5.0
S267	上海行政学院学报	264	0.564	0.197	0.93	151	32	57.20	38.63	4.1
S270	社会	1264	2.075	0.346	0.93	242	25	19.15	202.85	6.1
S271	社会保障研究	229	0.472	0.104	0.85	110	22	48.03	28.73	4.1
S863	社会科学	958	0.438	0.077	0.95	329	63	34.34	152.04	6.2
S865	社会科学研究	612	0.384	0.083	0.98	270	60	44.12	95.60	6.7
S866	社会科学战线	895	0.205	0.048	0.93	303	60	33.85	153.24	7.4
S867	社会学研究	2965	2.736	0.667	0.93	351	35	11.84	468.96	9.1
S276	社会主义研究	327	0.421	0.074	0.88	145	26	44.34	49.92	4.0
S782	审计研究	894	1.035	0.160	0.74	136	9	15.21	126.16	5.3
S784	生态经济	1659	0.524	0.054	0.85	395	30	23.81	168.52	4.0
S278	史学月刊	418	0.156	0.058	0.86	128	16	30.62	83.12	8.5
S691	世界汉语教学	419	0.595	0.143	0.74	48	3	11.46	104.71	10.7
S785	世界经济	3870	3.042	0.348	0.95	281	26	7.26	509.87	6.2
S787	世界经济研究	1220	1.121	0.126	0.92	210	26	17.21	159.96	4.6
S788	世界经济与政治	950	1.396	0.315	0.76	190	6	20.00	155.70	5.0
S789	世界经济与政治论坛	213	0.748	0.103	0.84	112	22	52.58	29.43	3.2
A201	世界科技研究与发展	456	0.275	0.133	0.97	297	75	65.13	44.50	8.0
S285	世界民族	205	0.242	0.016	0.59	52	3	25.37	44.43	8.0
S286	世界宗教文化	110	0.103	0.007	0.65	35	2	31.82	26.53	4.0
S287	世界宗教研究	233	0.160	0.050	0.71	67	5	28.76	52.63	9.2
S790	数量经济技术经济研究	3162	2.193	0.340	0.95	333	39	10.53	392.89	7.0
W022	数字图书馆论坛	282	0.554	0.178	0.85	57	7	20.21	32.00	2.7
S656	税务与经济	137	0.228	0.071	0.90	80	21	58.39	17.40	4.1
S290	思想教育研究	286	0.187	0.083	0.64	75	4	26.22	47.82	2.8
S291	思想理论教育导刊	368	0.197	0.064	0.79	84	3	22.83	62.60	3.0
S292	思想战线	425	0.369	0.074	0.85	170	21	40.00	73.69	5.5
S967	四川大学学报哲学社会科学版	318	0.359	0.090	0.97	191	47	60.06	51.90	5.6
S294	苏州大学学报哲学社会科学版	298	0.217	0.038	0.98	167	42	56.04	48.82	5.2
S295	台湾研究	124	0.269	0.016	0.73	29	2	23.39	28.77	4.4
S296	台湾研究集刊	186	0.245	0.000	0.58	44	2	23.66	42.85	6.7
S297	探索	368	0.492	0.157	0.92	163	31	44.29	56.25	3.0
S884	体育科学	1412	1.253	0.425	0.90	185	6	13.10	160.47	5.2
S880	体育学刊	612	0.542	0.154	0.78	93	5	15.20	71.32	5.2
S885	体育与科学	412	0.602	0.178	0.85	72	5	17.48	48.05	4.7
S886	天津体育学院学报	449	0.534	0.066	0.78	76	4	16.93	51.37	5.7
S793	统计研究	2075	1.247	0.079	0.92	434	44	20.92	254.82	6.0
S293	统计与决策	2899	0.337	0.046	0.85	621	43	21.42	325.26	4.9
S306	统计与信息论坛	944	0.724	0.146	0.79	347	36	36.76	106.47	4.7
S895	图书馆建设	722	0.554	0.235	0.83	59	4	8.17	84.88	3.9
S897	图书馆论坛	969	0.814	0.348	0.81	80	4	8.26	113.14	3.2

表 4-1 2018 年社会科学领域中国科技核心期刊被引用指标刊名字顺索引（续）

CODE	刊 名	核心总被引频次	核心影响因子	核心即年指标	核心他引率	核心引用刊数	核心开放因子	核心扩散因子	核心权威因子	核心被引半衰期
S308	图书馆学研究	1234	0.605	0.187	0.80	112	5	9.08	145.00	3.3
S899	图书情报工作	4092	1.362	0.119	0.82	310	6	7.58	472.42	4.3
S900	图书情报知识	782	1.406	0.403	0.93	135	7	17.26	92.42	4.5
S901	图书与情报	820	1.106	0.198	0.94	101	6	12.32	95.88	3.9
S694	外国教育研究	370	0.288	0.059	0.91	87	11	23.51	63.45	7.6
S795	外国经济与管理	1164	1.205	0.110	0.91	226	16	19.42	148.13	5.5
S314	外国文学	149	0.160	0.000	0.91	55	11	36.91	34.54	7.7
S315	外国文学评论	122	0.084	0.043	0.93	43	8	35.25	27.48	10.6
S316	外国文学研究	174	0.127	0.045	0.80	54	8	31.03	43.24	8.5
S317	外国语	351	0.315	0.067	0.80	52	6	14.81	90.84	8.6
S318	外国语文–四川外语学院学报	168	0.128	0.028	0.70	55	4	32.74	39.53	5.7
S695	外国中小学教育	97	0.050	0.018	0.78	40	7	41.24	17.53	6.1
S320	外交评论	329	1.147	0.457	0.89	96	5	29.18	56.39	5.2
S697	外语教学	507	0.483	0.295	0.79	70	3	13.81	128.16	4.8
S698	外语教学与研究	650	0.528	0.111	0.88	75	6	11.54	165.39	8.4
S323	外语界	443	0.671	0.136	0.63	43	3	9.71	109.71	6.0
S699	外语与外语教学	402	0.423	0.071	0.83	74	9	18.41	99.63	7.0
S973	文史哲	391	0.303	0.051	0.91	143	24	36.57	76.68	11.3
S811	文物	1715	0.358	0.092	0.89	140	7	8.16	373.37	27.9
S327	文学评论	834	0.476	0.064	0.90	116	10	13.91	203.04	10.1
S328	文学遗产	350	0.205	0.037	0.86	74	10	21.14	79.85	11.9
S329	文艺理论研究	221	0.186	0.032	0.91	81	14	36.65	53.22	6.8
S330	文艺理论与批评	104	0.098	0.045	0.94	47	11	45.19	25.43	8.4
S331	文艺评论	51	0.019	0.000	0.90	33	9	64.71	12.02	6.4
S332	文艺研究	607	0.281	0.043	0.91	127	13	20.92	149.62	8.4
S333	文艺争鸣	396	0.093	0.025	0.86	75	6	18.94	100.28	7.5
S334	武汉大学学报哲学社会科学版	567	0.911	0.362	0.98	254	54	44.80	84.13	4.9
S887	武汉体育学院学报	680	0.581	0.164	0.76	114	5	16.76	79.11	4.1
C509	物理与工程	156	0.161	0.067	0.47	59	1	37.82	19.85	4.7
S336	西安交通大学学报社会科学版	372	0.520	0.223	0.77	199	35	53.49	48.09	4.0
S881	西安体育学院学报	354	0.394	0.132	0.82	68	4	19.21	40.46	4.9
S576	西安外国语大学学报	163	0.296	0.083	0.84	30	2	18.40	41.84	3.4
S975	西北大学学报哲学社会科学版	251	0.239	0.171	0.89	148	35	58.96	36.77	5.2
S340	西南大学学报社会科学版	446	0.403	0.131	0.85	194	26	43.50	66.26	5.9
S341	西南民族大学学报人文社科版	761	0.248	0.061	0.85	304	42	39.95	115.52	4.5
S342	戏剧–中央戏剧学院学报	42	0.024	0.000	0.74	20	3	47.62	12.05	7.8
S978	厦门大学学报哲学社会科学版	374	0.255	0.039	0.96	219	60	58.56	61.77	7.6
S343	现代财经–天津财经大学学报	314	0.477	0.078	0.92	136	26	43.31	39.65	4.2
S906	现代传播	677	0.324	0.066	0.72	147	5	21.71	114.93	4.4
S630	现代法学	933	0.749	0.148	0.97	163	15	17.47	157.02	7.2
S309	现代情报	1487	0.809	0.243	0.81	269	7	18.09	168.38	3.6
S850	现代图书情报技术	985	0.977	0.140	0.88	179	8	18.17	110.31	5.0
S346	湘潭大学学报哲学社会科学版	270	0.225	0.028	0.90	154	34	57.04	44.76	5.1

表 4-1 2018 年社会科学领域中国科技核心期刊被引用指标刊名字顺索引（续）

CODE	刊　名	核心总被引频次	核心影响因子	核心即年指标	核心他引率	核心引用刊数	核心开放因子	核心扩散因子	核心权威因子	核心被引半衰期
S836	消费经济	300	0.489	0.238	0.82	118	19	39.33	36.59	4.9
S348	小说评论	169	0.057	0.048	0.70	31	3	18.34	45.53	9.9
S700	心理发展与教育	1076	0.989	0.114	0.82	163	6	15.15	135.73	6.3
S349	新疆师范大学学报哲学社会科学版	361	0.419	0.949	0.95	185	39	51.25	53.75	2.9
S350	新视野	179	0.289	0.088	0.96	121	32	67.60	26.96	3.7
S351	新文学史料	198	0.057	0.023	0.91	38	4	19.19	53.76	30.0
S907	新闻大学	276	0.295	0.111	0.80	67	3	24.28	44.61	5.4
S909	新闻与传播研究	528	0.553	0.074	0.79	113	2	21.40	87.53	5.3
S582	刑事技术	363	0.321	0.009	0.68	91	3	25.07	41.54	5.3
S201	行政论坛	350	0.660	0.153	0.90	136	18	38.86	52.53	3.0
S354	学海	536	0.487	0.059	0.96	219	41	40.86	82.21	4.5
S703	学前教育研究	482	0.757	0.048	0.46	68	1	14.11	86.55	4.6
S981	学术研究	657	0.296	0.051	0.96	275	59	41.86	106.16	6.3
S982	学术月刊	966	0.491	0.117	0.96	300	57	31.06	162.68	6.4
S704	学位与研究生教育	562	0.400	0.116	0.59	126	4	22.42	80.47	4.9
S361	学习论坛	143	0.142	0.017	0.93	94	23	65.73	21.19	4.0
S983	学习与探索	629	0.276	0.080	0.97	239	49	38.00	96.60	4.8
S363	学校党建与思想教育	302	0.097	0.040	0.64	70	3	23.18	48.13	2.7
S799	亚太经济	296	0.415	0.059	0.88	124	19	41.89	40.93	3.7
G865	医学信息学杂志	708	0.474	0.128	0.77	158	8	22.32	65.74	3.9
S366	艺术百家	187	0.087	0.012	0.68	69	6	36.90	43.96	6.2
S367	音乐研究	275	0.250	0.042	0.80	26	3	9.45	115.70	11.6
S368	语言教学与研究	429	0.371	0.183	0.82	58	4	13.52	104.66	10.1
S369	语言文字应用	318	0.395	0.050	0.61	73	3	22.96	68.80	9.0
S370	语言研究	305	0.131	0.000	0.87	42	5	13.77	74.72	13.9
S822	预测	496	0.662	0.030	0.93	167	21	33.67	60.01	5.5
S372	云南财经大学学报	290	0.538	0.088	0.94	124	23	42.76	35.19	4.3
S374	云南民族大学学报哲学社会科学版	211	0.225	0.048	0.87	110	20	52.13	33.16	5.4
S922	哲学动态	273	0.124	0.036	0.95	118	24	43.22	46.51	7.4
S923	哲学研究	741	0.355	0.112	0.95	201	30	27.13	127.36	8.0
S986	浙江大学学报人文社会科学版	712	0.459	0.039	0.96	319	70	44.80	107.10	7.3
S987	浙江社会科学	816	0.471	0.090	0.93	290	53	35.54	125.25	5.7
G352	证据科学	247	0.290	0.085	0.71	65	4	26.32	37.81	6.2
S659	证券市场导报	433	0.371	0.049	0.83	124	19	28.64	58.58	5.3
S619	政法论坛	967	1.143	0.289	0.94	158	13	16.34	165.85	6.1
S382	政治学研究	801	1.547	0.203	0.91	181	24	22.60	129.12	4.9
S383	政治与法律	1101	1.185	0.412	0.90	156	13	14.17	186.23	4.2
S384	职教论坛	619	0.191	0.068	0.66	89	2	14.38	89.76	3.3
S386	中共党史研究	410	0.488	0.061	0.50	91	2	22.20	82.62	4.8
S390	中共浙江省委党校学报	248	0.374	0.253	0.78	109	16	43.95	38.04	3.9
S391	中共中央党校学报	297	0.614	0.089	0.94	147	32	49.49	46.05	3.9
S392	中国比较文学	124	0.117	0.061	0.81	51	9	41.13	31.48	6.4
S393	中国边疆史地研究	164	0.101	0.024	0.68	49	5	29.88	31.18	11.1

表 4-1 2018年社会科学领域中国科技核心期刊被引用指标刊名字顺索引（续）

CODE	刊　名	核心总被引频次	核心影响因子	核心即年指标	核心他引率	核心引用刊数	核心开放因子	核心扩散因子	核心权威因子	核心被引半衰期
S304	中国大学教学	700	0.508	0.126	0.65	129	2	18.43	90.71	4.2
S396	中国党政干部论坛	224	0.115	0.022	1.00	128	34	57.14	32.16	3.7
S397	中国地方志	84	0.091	0.035	0.24	15	1	17.86	37.42	5.8
S398	中国地质大学学报社会科学版	441	0.602	0.235	0.94	217	41	49.21	55.91	4.4
S633	中国法学	2764	3.199	0.523	0.95	225	13	8.14	469.79	6.0
S400	中国翻译	687	0.351	0.066	0.80	66	3	9.61	175.18	7.1
S401	中国改革	67	0.024	0.021	1.00	56	23	83.58	9.62	13.0
S664	中国高教研究	1257	0.913	0.354	0.89	199	9	15.83	190.52	3.9
S800	中国工业经济	5694	4.518	0.899	0.95	372	35	6.53	726.78	5.0
S404	中国海商法研究	105	0.421	0.040	0.42	24	1	22.86	22.24	3.3
S823	中国科技翻译	95	0.175	0.000	0.58	24	2	25.26	22.31	5.5
A583	中国科技期刊研究	2005	1.488	0.393	0.54	157	2	7.83	198.28	3.9
S133	中国科技资源导刊	110	0.229	0.077	0.82	53	8	48.18	12.46	3.3
S410	中国劳动	282	0.225	0.158	0.39	56	1	19.86	47.33	3.6
S618	中国历史地理论丛	222	0.149	0.031	0.82	81	9	36.49	40.75	12.3
S838	中国流通经济	703	0.756	0.214	0.79	196	17	27.88	82.10	3.4
S414	中国穆斯林	39	0.023	0.000	0.67	12	3	30.77	8.04	13.5
S803	中国农村观察	1129	1.731	0.250	0.95	253	19	22.41	133.53	6.2
S804	中国农村经济	2889	2.763	0.622	0.94	330	20	11.42	318.34	6.5
H221	中国农业资源与区划	2077	1.202	0.084	0.55	281	3	13.53	182.83	2.9
S417	中国青年社会科学	233	0.355	0.087	0.85	85	6	36.48	39.84	3.5
S416	中国青年研究	739	0.546	0.135	0.70	179	5	24.22	125.12	4.5
S874	中国人口科学	1336	1.554	0.262	0.94	273	37	20.43	173.43	7.1
S419	中国人力资源开发	651	0.620	0.117	0.56	154	4	23.66	85.43	2.9
S990	中国人民大学学报	797	0.680	0.149	0.97	289	64	36.26	122.29	7.2
S875	中国社会科学	5589	3.213	0.552	0.97	472	69	8.45	865.13	7.0
S587	中国司法鉴定	333	0.308	0.085	0.71	62	3	18.62	48.07	5.4
S714	中国特殊教育	925	0.504	0.080	0.61	141	4	15.24	121.87	6.1
S888	中国体育科技	565	0.567	0.101	0.90	133	8	23.54	60.31	5.6
S902	中国图书馆学报	1478	3.340	0.792	0.94	134	6	9.07	172.26	5.3
S426	中国文化研究	112	0.142	0.015	0.96	70	19	62.50	23.32	7.7
S427	中国现代文学研究丛刊	388	0.150	0.046	0.81	66	5	17.01	99.61	8.4
S428	中国刑事法杂志	454	0.908	0.170	0.91	81	11	17.84	79.77	6.7
S405	中国行政管理	2188	0.806	0.172	0.86	351	32	16.04	310.83	4.5
G911	中国医学伦理学	913	0.515	0.048	0.58	180	5	19.72	81.76	3.7
S429	中国音乐	176	0.168	0.007	0.77	20	3	11.36	70.37	9.3
S430	中国音乐学	255	0.143	0.091	0.76	27	3	10.59	104.71	15.6
S715	中国语文	1032	0.455	0.082	0.87	70	5	6.78	252.52	16.6
G131	中国运动医学杂志	1021	0.576	0.056	0.91	299	31	29.29	90.86	5.6
S432	中国职业技术教育	720	0.232	0.091	0.46	82	1	11.39	103.83	3.0
S807	中国资产评估	131	0.241	0.075	0.22	25	1	19.08	41.73	4.0
S434	中国宗教	63	0.022	0.003	1.00	18	2	28.57	13.67	8.5
S435	中华文化论坛	95	0.022	0.008	0.81	67	20	70.53	17.34	7.2

表 4-1　2018 年社会科学领域中国科技核心期刊被引用指标刊名字顺索引（续）

CODE	刊　名	核心总被引频次	核心影响因子	核心即年指标	核心他引率	核心引用刊数	核心开放因子	核心扩散因子	核心权威因子	核心被引半衰期
G915	中华医学图书情报杂志	466	0.470	0.049	0.81	138	12	29.61	44.22	3.7
S992	中南财经政法大学学报	559	0.660	0.170	0.96	203	40	36.31	69.41	4.6
S993	中南民族大学学报人文社会科学版	320	0.213	0.029	0.88	159	29	49.69	52.58	5.4
S994	中山大学学报社会科学版	402	0.175	0.031	0.95	206	45	51.24	68.50	8.0
S634	中外法学	1216	1.532	0.300	0.93	138	11	11.35	210.16	5.4
S440	中央财经大学学报	723	0.709	0.054	0.96	220	38	30.43	93.54	4.3
S441	中央音乐学院学报	209	0.293	0.058	0.81	26	4	12.44	83.99	15.6
S996	中州学刊	646	0.261	0.085	0.93	275	53	42.57	96.62	4.2
S444	装饰	315	0.081	0.034	0.62	92	4	29.21	46.35	4.8
S728	资源开发与市场	782	0.403	0.063	0.83	292	32	37.34	76.50	4.6
S446	资源与产业	521	0.650	0.133	0.77	201	19	38.58	52.57	5.3
S926	自然辩证法研究	554	0.236	0.024	0.80	196	20	35.38	76.76	7.0
S448	宗教学研究	166	0.076	0.012	0.66	51	4	30.72	37.54	7.4

表 4-2 2018 年社会科学领域中国科技核心期刊来源指标刊名字顺索引

CODE	刊名	来源文献量	文献选出率	AR论文量	平均引文数	平均作者数	地区分布数	机构分布数	海外论文比	基金论文比	引用半衰期
S151	安徽师范大学学报人文社会科学版	116	0.94	116	27.1	1.4	19	53	0.02	0.74	16.9
S152	北京大学教育评论	44	0.85	44	44.0	1.6	8	27	0.20	0.50	16.4
S929	北京大学学报哲学社会科学版	95	0.89	95	40.8	1.1	10	35	0.08	0.32	0.0
S153	北京电影学院学报	123	0.86	120	14.9	1.4	12	50	0.09	0.19	24.5
S154	北京工商大学学报社会科学版	70	0.91	70	27.1	2.0	16	41	0.00	0.84	6.9
S930	北京师范大学学报社会科学版	94	0.94	92	39.4	1.7	17	33	0.04	0.59	19.3
S877	北京体育大学学报	228	0.95	228	25.6	2.5	24	115	0.02	0.81	6.5
S156	北京行政学院学报	90	0.99	90	25.0	1.6	17	66	0.03	0.64	10.5
S666	比较教育研究	183	0.98	179	21.2	1.7	21	84	0.08	0.50	5.4
A570	编辑学报	181	0.84	83	13.2	2.7	22	136	0.00	0.29	3.7
S731	财经科学	122	0.87	121	25.2	2.2	25	56	0.00	0.73	7.9
S647	财经理论与实践	134	0.96	134	22.5	2.2	22	61	0.01	0.96	7.8
S147	财经论丛	138	0.95	138	27.2	2.2	23	80	0.00	0.91	8.2
S732	财经问题研究	207	0.94	203	19.3	1.9	22	89	0.00	0.71	9.7
S733	财经研究	118	0.94	118	36.6	2.5	18	56	0.02	0.81	9.8
S734	财贸经济	120	0.90	118	37.7	2.2	20	58	0.00	0.82	9.5
S735	财政研究	124	0.95	124	28.6	2.1	21	60	0.00	0.58	9.1
S159	产业经济研究	59	0.89	59	37.5	2.1	17	39	0.00	1.00	7.0
S736	城市发展研究	205	0.75	193	21.2	2.7	21	106	0.05	0.72	7.2
S737	城市问题	148	0.93	146	26.3	2.3	26	95	0.01	0.74	7.3
S443	重庆大学学报社会科学版	112	0.93	112	27.2	1.9	20	65	0.00	0.80	8.7
S892	大学图书馆学报	100	0.91	97	25.3	2.1	23	62	0.02	0.40	8.1
S738	当代财经	140	0.91	139	25.1	2.0	21	73	0.00	0.92	7.6
S160	当代电影	442	0.92	364	12.8	1.2	25	146	0.04	0.27	22.2
S740	当代经济研究	136	0.86	136	14.6	1.6	23	72	0.02	0.53	10.0
S161	当代青年研究	117	0.95	117	15.9	1.6	25	93	0.03	0.58	8.0
S162	当代外国文学	87	0.87	85	15.3	1.3	17	53	0.01	0.53	14.0
S164	当代亚太	25	0.63	25	138.0	1.4	9	18	0.04	0.56	10.0
S165	当代语言学	41	0.80	38	35.4	1.5	10	27	0.12	0.46	20.6
S166	当代作家评论	161	0.93	147	15.1	1.1	22	79	0.02	0.25	12.6
S608	档案学通讯	137	0.91	132	17.0	1.7	21	45	0.00	0.41	5.8
S609	档案学研究	137	0.96	134	16.6	1.8	21	57	0.00	0.55	6.6
S167	党的文献	111	0.87	96	34.8	1.2	21	70	0.00	0.26	72.7
S169	电影艺术	139	0.87	130	13.9	1.3	12	59	0.04	0.14	19.5
S170	东北大学学报社会科学版	94	0.98	94	18.6	1.9	15	42	0.00	0.78	9.0
S171	东北亚论坛	66	0.88	66	29.1	1.5	9	26	0.09	0.82	4.7
S172	东南大学学报哲学社会科学版	96	0.89	95	24.6	1.6	16	52	0.05	0.60	12.4
S173	东南文化	95	0.88	92	29.5	1.6	16	51	0.01	0.26	19.1

表4-2 2018年中国科技核心期刊（中文）来源指标刊名字顺索引（续）

CODE	刊名	来源文献量	文献选出率	AR论文量	平均引文数	平均作者数	地区分布数	机构分布数	海外论文比	基金论文比	引用半衰期
S174	东南学术	165	0.95	165	22.6	1.5	17	76	0.01	0.58	14.8
S175	敦煌学辑刊	69	0.95	69	46.8	1.3	13	28	0.03	0.46	44.8
S176	敦煌研究	106	0.88	100	24.0	1.9	17	63	0.08	0.40	24.0
S177	俄罗斯文艺	76	0.89	69	17.4	1.3	17	42	0.07	0.34	22.9
S621	法律科学-西北政法大学学报	109	0.92	108	48.2	1.1	15	44	0.01	0.61	12.2
S622	法商研究	102	0.94	102	55.5	1.0	18	57	0.01	0.66	11.2
S623	法学	171	0.93	171	62.1	1.2	21	65	0.02	0.59	18.8
S624	法学家	78	0.87	78	78.8	1.0	17	43	0.01	0.50	17.1
S178	法学论坛	97	0.98	96	44.2	1.1	19	62	0.00	0.64	10.7
S625	法学评论	101	0.95	100	56.0	1.0	15	41	0.03	0.65	18.3
S626	法学研究	67	0.96	65	78.4	1.0	13	35	0.00	0.54	23.4
S319	法学杂志	171	0.90	171	29.9	1.2	24	70	0.00	0.52	9.6
S627	法制与社会发展	77	0.86	77	69.4	1.1	13	33	0.01	0.56	18.9
S179	方言	59	0.94	59	20.5	1.3	17	38	0.00	0.42	19.2
S933	福建师范大学学报哲学社会科学版	114	0.86	109	35.1	1.4	17	44	0.02	0.55	18.2
S852	妇女研究论丛	71	0.85	64	40.1	1.3	16	36	0.06	0.41	14.9
S934	复旦学报社会科学版	116	0.99	109	41.0	1.3	15	48	0.09	0.45	33.9
S743	改革	176	0.89	175	14.2	1.8	23	93	0.00	0.56	5.1
S181	甘肃政法学院学报	75	0.94	75	42.6	1.2	20	45	0.01	0.45	13.5
S668	高等工程教育研究	181	0.95	180	13.8	2.4	19	87	0.03	0.59	5.2
S669	高等教育研究	164	0.91	161	24.8	1.7	21	70	0.02	0.72	10.0
J067	工业技术经济	225	0.95	225	19.7	2.4	26	108	0.02	0.70	6.8
S183	公共行政评论	60	0.80	57	49.1	1.7	13	38	0.05	0.75	9.1
S184	古汉语研究	49	0.88	49	26.2	1.3	18	39	0.00	0.73	21.5
S185	古籍整理研究学刊	128	0.98	109	32.4	1.1	22	76	0.00	0.49	60.4
S188	广东财经大学学报	62	0.83	57	29.0	1.9	17	38	0.00	0.84	7.7
S936	广西民族大学学报哲学社会科学版	167	0.86	167	19.5	1.6	20	86	0.05	0.53	10.5
S190	贵州财经大学学报	67	1.00	67	26.4	2.1	22	54	0.00	0.88	7.7
S746	国际金融研究	100	0.78	98	28.3	2.1	17	52	0.03	0.68	8.5
S747	国际经济合作	192	0.92	185	5.7	1.9	17	80	0.01	0.25	5.3
S831	国际经贸探索	92	0.98	92	32.7	1.9	19	50	0.02	0.66	9.0
S750	国际贸易问题	170	0.92	157	25.5	2.1	20	87	0.02	0.75	7.9
S192	国际商务-对外经济贸易大学学报	73	0.87	73	25.8	2.0	17	49	0.02	0.73	7.6
S751	国际商务研究	50	0.79	50	17.2	1.8	18	36	0.06	0.62	8.4
L042	国际石油经济	181	0.91	167	8.4	2.7	15	73	0.09	0.08	2.9
S194	国家检察官学院学报	65	0.88	65	44.5	1.2	16	34	0.02	0.32	15.0
S195	国家教育行政学院学报	162	0.90	162	12.3	1.6	24	108	0.02	0.65	6.4
S197	国家图书馆学刊	73	0.91	72	24.2	1.7	20	44	0.03	0.60	4.6
S193	国家行政学院学报	151	0.93	151	14.0	1.5	16	64	0.01	0.48	7.6
S199	海交史研究	35	0.95	30	39.7	1.3	10	28	0.06	0.17	97.2
S200	汉语学习	70	0.99	70	26.1	1.3	17	47	0.07	0.59	15.9
S204	河北师范大学学报教育科学版	116	0.92	114	18.1	1.7	21	68	0.02	0.65	10.1
S272	河海大学学报哲学社会科学版	82	0.89	80	22.6	1.8	12	45	0.00	0.87	6.0

表 4-2 2018年中国科技核心期刊（中文）来源指标刊名字顺索引（续）

CODE	刊名	来源文献量	文献选出率	AR论文量	平均引文数	平均作者数	地区分布数	机构分布数	海外论文比	基金论文比	引用半衰期
S205	河南大学学报社会科学版	116	0.97	115	37.7	1.2	20	61	0.01	0.62	14.8
S206	红楼梦学刊	117	0.88	114	17.5	1.2	22	76	0.03	0.22	22.0
S209	湖南大学学报社会科学版	136	0.97	136	28.3	1.8	17	48	0.03	0.74	17.1
S210	湖南科技大学学报社会科学版	147	0.91	146	25.9	1.5	22	72	0.01	0.67	13.5
S211	湖南社会科学	177	0.95	172	18.6	1.6	22	109	0.00	0.55	10.4
S212	湖南师范大学教育科学学报	106	0.98	106	21.6	1.5	20	46	0.03	0.62	11.0
S213	湖南师范大学社会科学学报	119	0.94	119	23.5	1.4	17	53	0.02	0.76	13.2
S673	华东师范大学学报教育科学版	110	0.92	95	21.7	1.9	13	41	0.12	0.65	11.6
S939	华东师范大学学报哲学社会科学版	116	0.91	105	35.8	1.4	12	43	0.03	0.59	23.6
S214	华东政法大学学报	92	0.97	92	55.9	1.1	14	43	0.03	0.51	12.4
S940	华南师范大学学报社会科学版	158	0.95	150	26.1	1.6	18	69	0.04	0.56	11.6
S215	华侨华人历史研究	44	0.80	38	33.3	1.2	9	30	0.02	0.55	18.4
S941	华中师范大学学报人文社会科学版	125	0.91	123	34.2	1.4	18	51	0.04	0.70	17.8
S216	黄钟-中国-武汉音乐学院学报	66	0.92	66	26.8	1.1	15	33	0.12	0.15	62.1
S942	吉林大学社会科学学报	111	0.88	111	27.3	1.6	15	53	0.07	0.73	12.9
S718	技术经济	177	0.89	177	34.5	2.6	23	90	0.02	0.85	7.8
S719	技术经济与管理研究	259	0.94	258	15.1	1.7	27	162	0.02	0.73	7.4
S832	价格理论与实践	464	0.89	425	10.0	2.2	28	243	0.01	0.49	4.6
S944	江海学刊	179	0.80	177	22.8	1.4	19	77	0.02	0.57	17.2
S674	江苏高教	276	0.97	236	12.1	1.7	26	132	0.01	0.59	6.4
S854	江苏社会科学	188	0.92	183	28.9	1.5	14	69	0.01	0.68	15.6
S219	江苏行政学院学报	105	0.93	99	16.9	1.4	18	54	0.01	0.50	11.3
S220	江西财经大学学报	80	0.92	75	21.2	1.9	19	48	0.00	0.76	6.9
S946	江西社会科学	369	0.81	352	19.9	1.4	25	161	0.01	0.66	13.8
S221	交响-西安音乐学院学报	92	0.96	81	13.9	1.2	16	44	0.00	0.24	19.3
S222	教师教育研究	111	0.99	111	20.2	2.1	18	45	0.05	0.75	9.1
S675	教学与研究	155	0.95	151	19.2	1.4	23	76	0.01	0.58	9.1
S223	教育财会研究	95	0.98	92	8.1	1.9	21	84	0.00	0.42	5.0
S676	教育发展研究	265	0.65	258	19.3	1.7	21	108	0.03	0.71	8.3
S677	教育科学	81	0.94	81	18.8	1.7	21	47	0.05	0.75	7.0
S415	教育生物学杂志	37	0.82	35	25.7	4.0	9	22	0.11	0.70	8.5
S224	教育学报	86	0.88	86	27.6	1.7	18	37	0.06	0.63	13.5
S681	教育研究	252	0.95	234	15.1	1.7	21	79	0.03	0.48	7.6
S682	教育研究与实验	102	1.00	102	16.0	1.8	18	48	0.01	0.68	10.3
S683	教育与经济	74	1.00	69	23.0	1.9	19	43	0.01	0.84	8.5
S225	解放军外国语学院学报	105	0.82	104	25.1	1.4	19	70	0.01	0.66	13.7
S226	金融经济学研究	64	0.97	64	22.5	2.3	19	48	0.00	0.73	7.5
S652	金融理论与实践	226	0.93	219	14.2	1.9	27	159	0.00	0.49	6.7
S227	金融论坛	70	0.83	69	32.0	2.2	19	45	0.00	0.70	8.3
S757	金融研究	140	0.97	140	37.5	2.5	17	56	0.06	0.81	9.4
S228	近代史研究	73	0.90	63	83.4	1.0	15	34	0.05	0.27	95.7
S759	经济管理	141	0.95	141	54.6	2.3	22	69	0.04	0.83	8.6
S760	经济经纬	136	0.94	136	21.2	2.1	23	92	0.00	0.89	7.8

表 4-2 2018年中国科技核心期刊（中文）来源指标刊名字顺索引（续）

CODE	刊名	来源文献量	文献选出率	AR论文量	平均引文数	平均作者数	地区分布数	机构分布数	海外论文比	基金论文比	引用半衰期
S761	经济科学	58	0.88	58	26.1	2.0	15	32	0.00	0.74	10.1
S762	经济理论与经济管理	106	0.96	95	26.2	2.0	15	45	0.02	0.63	9.4
S764	经济评论	66	0.90	65	35.9	2.3	18	47	0.03	0.88	9.7
S765	经济社会体制比较	120	0.89	115	25.0	1.7	17	66	0.03	0.58	8.9
S767	经济体制改革	175	0.95	173	19.6	1.9	25	112	0.01	0.71	7.0
S768	经济问题	237	0.93	235	15.6	2.0	28	135	0.00	0.68	7.0
S769	经济问题探索	236	0.96	236	28.3	2.1	26	103	0.01	0.76	7.6
S229	经济学	64	0.91	64	56.6	2.5	12	30	0.06	0.73	13.3
S282	经济学报	28	0.78	28	42.5	2.4	5	11	0.04	0.43	11.9
S721	经济学动态	137	0.85	127	45.3	2.1	16	54	0.01	0.66	9.4
S771	经济学家	147	0.89	140	21.1	1.8	22	82	0.01	0.75	7.8
S772	经济研究	174	0.94	174	39.0	2.5	17	58	0.06	0.73	11.5
S230	经济与管理评论	82	0.91	82	26.0	2.3	20	49	0.01	0.82	6.8
S773	经济与管理研究	139	0.97	139	28.0	2.0	20	68	0.01	0.75	9.0
S774	经济纵横	189	0.88	184	14.1	1.8	22	96	0.02	0.52	6.2
S231	军事历史研究	31	0.91	31	82.1	1.1	15	25		0.52	85.4
S232	军事运筹与系统工程	53	0.87	52	10.8	2.4	11	27		0.17	5.6
S233	开放教育研究	67	0.79	67	32.0	2.7	15	30	0.10	0.72	6.0
S234	开放时代	73	0.84	73	61.3	1.5	14	44	0.07	0.41	31.9
S155	开放学习研究	51	0.93	51	22.5	2.6	11	33	0.33	0.31	6.4
S235	抗日战争研究	49	0.88	46	82.2	1.1	15	35	0.08	0.29	0.0
S808	考古	115	0.95	109	29.1	2.0	20	33	0.01	0.31	21.7
S809	考古学报	20	0.91	19	63.0	1.6	8	12	0.00	0.20	20.7
S810	考古与文物	83	0.97	71	33.5	1.9	15	29	0.01	0.36	10.0
S236	课程・教材・教法	255	0.98	253	14.1	1.6	25	96	0.01	0.51	9.6
S756	会计研究	148	0.94	139	20.1	2.8	21	70	0.03	0.79	9.2
S217	会计与经济研究	47	0.85	47	41.3	2.3	16	34	0.02	0.87	8.4
S947	兰州大学学报社会科学版	136	0.93	133	23.6	1.6	17	58	0.00	0.59	12.0
S237	理论探讨	155	0.93	155	14.2	1.6	22	91	0.00	0.79	6.4
S238	理论与改革	108	0.94	108	22.7	1.4	23	77	0.03	0.61	8.7
S239	历史教学问题	124	0.89	110	34.2	1.1	20	81		0.35	69.5
S240	历史研究	69	0.92	69	115.3	1.1	17	37	0.01	0.58	99.9
S242	林业经济问题	88	0.93	88	26.4	3.2	18	40		0.81	4.7
S243	鲁迅研究月刊	136	0.88	112	21.1	1.1	10	12	0.01	0.22	74.1
S244	伦理学研究	151	0.99	141	13.1	1.4	24	84	0.03	0.64	12.5
S245	旅游科学	39	0.95	39	42.9	2.4	17	27	0.05	0.77	10.3
S616	旅游学刊	202	0.98	131	30.0	2.2	25	116	0.07	0.52	9.5
S246	马克思主义研究	206	0.84	183	31.6	1.4	27	128	0.01	0.42	8.5
S247	马克思主义与现实	166	0.93	164	28.7	1.3	22	90	0.07	0.57	100.0
S637	煤炭经济研究	176	0.89	175	9.9	1.8	16	108	0.01	0.24	3.9
S248	美术研究	134	0.93	78	14.6	1.1	20	69	0.02	0.17	34.3
S249	民族教育研究	122	0.92	116	18.7	1.9	25	64	0.03	0.77	8.3
S251	民族文学研究	112	0.96	111	37.6	1.2	23	63	0.04	0.48	36.7

表4-2 2018年中国科技核心期刊（中文）来源指标刊名字顺索引（续）

CODE	刊名	来源文献量	文献选出率	AR论文量	平均引文数	平均作者数	地区分布数	机构分布数	海外论文比	基金论文比	引用半衰期
S252	民族研究	67	0.89	59	49.7	1.4	19	37	0.01	0.55	33.5
S253	民族艺术	121	0.86	121	27.8	1.3	20	70	0.07	0.53	18.9
S254	明清小说研究	54	0.87	54	21.8	1.2	15	42	0.07	0.39	22.5
S255	南方文坛	209	0.90	152	11.6	1.1	23	113	0.05	0.25	13.8
S950	南京大学学报哲学·人文科学·社会科学	82	0.84	81	46.5	1.4	10	34	0.04	0.66	58.5
S858	南京社会科学	258	0.97	248	22.5	1.4	20	99	0.01	0.59	10.5
S777	南开经济研究	58	0.91	58	40.9	2.4	15	37	0.03	0.81	11.1
S953	南开学报哲学社会科学版	98	0.96	92	43.9	1.5	13	41	0.02	0.63	26.9
S839	农村经济	235	0.93	232	13.9	2.1	23	117	0.01	0.66	5.8
S778	农业技术经济	146	0.96	143	28.9	2.6	23	60	0.01	0.81	8.1
S779	农业经济问题	185	0.95	173	24.9	2.1	24	111	0.02	0.68	7.9
S639	企业经济	305	0.91	305	18.8	2.0	29	190	0.01	0.93	6.6
S258	青年探索	57	0.86	57	22.6	1.5	11	36	0.02	0.46	8.3
S259	青年研究	51	0.77	51	36.4	1.5	13	39	0.02	0.47	10.7
S260	青少年犯罪问题	81	0.86	81	33.6	1.8	12	46	0.15	0.15	9.1
S687	清华大学教育研究	94	0.99	91	23.9	1.7	16	41	0.04	0.66	9.4
S955	清华大学学报哲学社会科学版	101	0.90	98	57.5	1.3	15	40	0.04	0.48	96.3
S844	情报工程	66	0.87	66	23.3	3.1	15	43	0.00	0.67	4.8
S846	情报科学	336	0.93	335	22.6	2.6	21	127	0.00	0.72	5.5
S847	情报理论与实践	314	0.93	313	22.2	2.7	25	125	0.01	0.82	4.8
W020	情报学报	116	0.87	116	37.1	3.1	18	52	0.01	0.87	7.2
S848	情报杂志	355	0.94	355	23.9	2.5	26	167	0.01	0.70	4.8
S849	情报资料工作	85	0.87	84	29.1	2.4	23	46	0.01	0.76	4.6
S261	求实	51	0.89	51	20.0	1.5	18	43	0.01	0.78	5.6
S956	求是	507	0.82	51	0.0	1.0	31	167	0.00	0.00	0.0
S958	求索	137	0.97	137	23.1	1.2	20	77	0.00	0.87	12.9
S688	全球教育展望	121	0.94	121	24.8	1.8	17	43	0.07	0.53	11.6
S106	全球科技经济瞭望	123	0.95	123	12.9	1.9	7	31	0.00	0.24	1.5
S860	人口研究	54	0.93	54	25.7	2.2	14	26	0.09	0.57	8.9
S862	人口与经济	67	0.93	66	28.3	2.0	20	50	0.01	0.79	9.5
S628	人民检察	418	0.67	223	4.3	1.4	28	175	0.00	0.07	8.3
S263	人民音乐	266	0.86	140	7.9	1.2	25	108	0.05	0.17	25.5
S617	人文地理	116	0.94	115	41.7	3.3	23	59	0.04	0.97	8.8
S819	软科学	345	0.93	344	18.8	2.6	27	150	0.01	0.94	6.4
S264	山东大学学报哲学社会科学版	105	0.90	105	35.3	1.8	14	50	0.03	0.65	9.9
S961	山西财经大学学报	101	0.95	101	31.7	2.2	21	57	0.02	0.97	8.1
S964	陕西师范大学学报哲学社会科学版	123	0.99	120	23.8	1.4	21	50	0.01	0.63	15.1
S834	商业经济与管理	97	0.94	97	40.0	2.3	20	55	0.02	0.93	8.4
S835	商业研究	303	0.97	237	16.9	2.0	26	178	0.01	0.67	8.1
S265	上海财经大学学报哲学社会科学版	59	0.95	59	47.6	2.0	17	40	0.00	0.81	8.8
S965	上海大学学报社会科学版	68	0.94	66	24.9	1.5	15	39	0.04	0.57	17.4
S266	上海翻译	35	0.31	35	21.2	1.4	12	29	0.03	0.57	9.7
S268	上海金融	162	0.91	152	18.1	1.7	19	92	0.01	0.23	8.7

表4-2 2018年中国科技核心期刊（中文）来源指标刊名字顺索引（续）

CODE	刊名	来源文献量	文献选出率	AR论文量	平均引文数	平均作者数	地区分布数	机构分布数	海外论文比	基金论文比	引用半衰期
S781	上海经济研究	135	0.91	135	27.8	1.9	21	68	0.02	0.60	10.2
S269	上海师范大学学报哲学社会科学版	110	0.98	109	34.3	1.2	19	49	0.05	0.48	37.4
S883	上海体育学院学报	98	0.98	98	25.2	2.5	18	48	0.04	0.80	7.1
S267	上海行政学院学报	66	0.90	66	25.6	1.7	12	33	0.08	0.70	7.8
S270	社会	52	0.95	52	63.0	1.4	11	29	0.10	0.33	19.1
S271	社会保障研究	67	0.89	67	23.2	1.9	16	35	0.00	0.63	6.8
S863	社会科学	220	0.93	219	42.5	1.3	24	110	0.00	0.69	17.4
S865	社会科学研究	133	0.95	132	32.1	1.5	19	68	0.02	0.65	16.6
S866	社会科学战线	399	0.93	385	35.0	1.4	27	136	0.01	0.63	16.7
S867	社会学研究	57	0.81	57	59.9	1.5	7	30	0.11	0.44	14.3
S276	社会主义研究	122	0.92	122	33.3	1.4	19	64	0.00	0.70	5.8
S782	审计研究	94	0.86	90	12.9	2.3	19	47	0.00	0.66	5.6
S784	生态经济	496	0.97	493	18.1	2.6	30	254	0.01	0.79	6.5
S278	史学月刊	172	0.92	164	50.7	1.1	21	69	0.04	0.42	88.3
S691	世界汉语教学	42	0.89	42	38.4	1.4	9	25	0.14	0.64	16.3
S785	世界经济	92	0.85	92	52.9	2.4	14	40	0.05	0.87	11.4
S787	世界经济研究	135	0.83	120	29.1	2.0	18	70	0.05	0.64	9.3
S788	世界经济与政治	73	0.74	73	99.7	1.3	10	28	0.05	0.47	10.0
S789	世界经济与政治论坛	58	0.97	53	43.5	1.5	16	38	0.05	0.52	6.5
A201	世界科技研究与发展	60	0.88	59	23.0	3.4	14	36	0.00	0.68	3.5
S285	世界民族	62	0.98	60	49.2	1.2	20	45	0.03	0.53	17.3
S286	世界宗教文化	151	0.95	147	24.1	1.2	20	74	0.01	0.43	23.1
S287	世界宗教研究	119	0.93	109	44.8	1.2	20	58	0.06	0.31	100.0
S790	数量经济技术经济研究	100	0.86	100	34.7	2.2	22	65	0.04	0.89	8.8
W022	数字图书馆论坛	118	0.75	117	21.0	2.2	20	61	0.00	0.47	3.2
S656	税务与经济	98	1.00	98	17.1	1.8	16	48	0.01	0.58	8.7
S290	思想教育研究	349	0.94	333	9.6	1.5	26	139	0.00	0.64	5.3
S291	思想理论教育导刊	393	0.91	335	7.7	1.4	27	172	0.00	0.53	4.4
S292	思想战线	108	0.97	106	39.5	1.2	19	45	0.01	0.55	14.2
S967	四川大学学报哲学社会科学版	122	0.98	116	49.4	1.3	17	46	0.00	0.56	36.6
S294	苏州大学学报哲学社会科学版	131	0.95	130	26.5	1.3	19	65	0.03	0.64	14.4
S295	台湾研究	61	0.91	61	30.4	1.4	10	29	0.07	0.51	11.2
S296	台湾研究集刊	67	0.97	67	34.1	1.6	10	26	0.06	0.61	12.3
S297	探索	134	0.89	133	20.6	1.3	22	86	0.00	0.78	6.6
S884	体育科学	134	0.96	119	35.7	2.9	20	62	0.03	0.75	7.6
S880	体育学刊	143	0.99	141	18.8	2.4	23	73	0.03	0.69	6.1
S885	体育与科学	90	0.90	88	19.8	2.2	19	58	0.03	0.60	8.1
S886	天津体育学院学报	76	0.96	76	33.3	2.8	18	45	0.01	0.87	7.0
S793	统计研究	126	0.92	125	21.5	2.3	17	60	0.05	0.73	9.6
S293	统计与决策	1028	0.95	878	10.8	2.2	30	400	0.01	0.82	7.3
S306	统计与信息论坛	192	0.96	192	16.8	2.3	26	108	0.02	0.80	7.2
S895	图书馆建设	183	0.87	175	22.9	1.6	26	116	0.01	0.54	3.1
S897	图书馆论坛	273	0.97	247	19.6	2.0	23	126	0.03	0.45	4.4

表4-2 2018年中国科技核心期刊（中文）来源指标刊名字顺索引（续）

CODE	刊名	来源文献量	文献选出率	AR论文量	平均引文数	平均作者数	地区分布数	机构分布数	海外论文比	基金论文比	引用半衰期
S308	图书馆学研究	353	0.98	344	19.6	2.1	25	148	0.01	0.63	3.7
S899	图书情报工作	396	0.93	394	29.7	2.8	25	142	0.03	0.66	4.4
S900	图书情报知识	72	0.87	72	34.0	2.7	15	34	0.04	0.68	5.0
S901	图书与情报	116	0.95	114	23.4	2.1	23	60	0.03	0.68	3.1
S694	外国教育研究	118	0.91	117	23.8	1.7	23	61	0.06	0.76	7.4
S795	外国经济与管理	127	0.98	127	39.1	2.7	18	70	0.04	0.86	8.3
S314	外国文学	101	0.96	100	22.9	1.0	15	51	0.01	0.56	21.1
S315	外国文学评论	47	0.87	47	59.1	1.0	11	30	0.04	0.53	45.8
S316	外国文学研究	89	0.82	84	20.8	1.2	17	61	0.06	0.56	18.2
S317	外国语	60	0.79	53	27.4	1.6	13	36	0.07	0.55	14.6
S318	外国语文-四川外语学院学报	109	0.80	107	24.5	1.4	22	76	0.06	0.61	15.1
S695	外国中小学教育	110	0.93	110	21.1	1.7	16	43	0.06	0.43	7.0
S320	外交评论	35	0.90	35	86.4	1.2	6	19	0.00	0.40	12.3
S697	外语教学	95	0.73	90	26.8	1.6	20	58	0.04	0.75	11.5
S698	外语教学与研究	90	0.80	75	23.8	1.5	15	52	0.07	0.48	13.6
S323	外语界	66	0.92	65	27.7	1.6	16	38	0.00	0.58	7.8
S699	外语与外语教学	84	0.83	84	31.9	1.7	19	57	0.04	0.73	13.4
S973	文史哲	78	0.88	77	66.0	1.1	16	41	0.10	0.49	100.0
S811	文物	98	0.92	86	19.4	1.7	22	43	0.03	0.30	26.2
S327	文学评论	140	0.93	137	36.4	1.0	22	68	0.01	0.45	29.5
S328	文学遗产	107	0.86	97	45.3	1.0	19	61	0.00	0.49	39.1
S329	文艺理论研究	126	0.93	123	28.9	1.1	19	83	0.10	0.60	19.7
S330	文艺理论与批评	89	0.87	68	24.2	1.2	12	38	0.02	0.15	76.8
S331	文艺评论	112	0.94	102	7.0	1.1	19	71	0.02	0.27	13.4
S332	文艺研究	187	0.90	170	32.6	1.0	20	73	0.01	0.41	36.6
S333	文艺争鸣	406	0.92	327	15.7	1.2	25	131	0.00	0.32	18.7
S334	武汉大学学报哲学社会科学版	105	0.99	105	25.5	1.4	17	46	0.02	0.79	11.4
S887	武汉体育学院学报	177	0.98	177	19.6	2.6	23	81	0.01	0.90	7.0
C509	物理与工程	135	0.94	117	10.0	3.1	26	82	0.01	0.41	8.3
S336	西安交通大学学报社会科学版	94	0.95	94	23.9	2.1	12	27	0.04	0.64	9.3
S881	西安体育学院学报	114	0.99	113	18.2	2.1	21	77	0.04	0.72	7.3
S576	西安外国语大学学报	84	0.82	80	25.0	1.5	20	62	0.04	0.73	12.8
S975	西北大学学报哲学社会科学版	111	0.97	107	20.3	1.5	15	35	0.04	0.76	11.5
S340	西南大学学报社会科学版	122	0.93	122	30.1	1.8	21	56	0.02	0.81	12.4
S341	西南民族大学学报人文社科版	408	0.96	408	24.8	1.5	29	172	0.03	0.71	13.3
S342	戏剧-中央戏剧学院学报	77	0.81	72	16.2	1.1	13	36	0.06	0.34	24.7
S978	厦门大学学报哲学社会科学版	103	0.96	100	34.9	1.6	14	36	0.01	0.74	17.5
S343	现代财经-天津财经大学学报	102	0.98	102	34.6	2.2	21	61	0.00	0.80	7.8
S906	现代传播	351	0.94	317	18.6	1.6	26	118	0.02	0.58	10.0
S630	现代法学	88	0.98	85	44.2	1.2	15	39	0.01	0.59	11.9
S309	现代情报	296	0.97	295	25.9	2.5	25	130	0.02	0.77	5.0
S850	现代图书情报技术	129	0.90	129	28.8	3.1	19	59	0.02	0.79	5.7
S346	湘潭大学学报哲学社会科学版	178	0.98	171	17.6	1.7	17	73	0.01	0.70	11.6

表 4-2　2018 年中国科技核心期刊（中文）来源指标刊名字顺索引（续）

CODE	刊名	来源文献量	文献选出率	AR论文量	平均引文数	平均作者数	地区分布数	机构分布数	海外论文比	基金论文比	引用半衰期
S836	消费经济	84	0.95	75	20.6	2.1	18	47	0.01	0.65	8.0
S348	小说评论	167	0.94	154	9.9	1.2	22	77	0.04	0.15	11.0
S700	心理发展与教育	88	0.99	88	49.4	3.9	19	43	0.02	0.88	8.4
S349	新疆师范大学学报哲学社会科学版	99	0.95	99	22.5	1.7	20	57	0.03	0.66	9.0
S350	新视野	113	0.99	113	14.1	1.5	16	74	0.03	0.58	10.4
S351	新文学史料	86	0.80	81	14.4	1.1	12	28	0.00	0.30	70.8
S907	新闻大学	90	0.81	90	31.1	1.7	19	46	0.06	0.57	10.3
S909	新闻与传播研究	81	0.75	81	63.5	1.5	18	48	0.01	0.59	12.8
S582	刑事技术	111	0.93	86	14.8	4.4	22	62	0.00	0.55	6.9
S201	行政论坛	111	0.90	107	19.5	1.4	23	80	0.00	0.78	6.8
S354	学海	170	0.94	167	26.8	1.4	20	76	0.02	0.56	13.8
S703	学前教育研究	104	0.85	64	24.0	2.3	22	82	0.03	0.86	8.5
S981	学术研究	276	0.86	263	30.9	1.3	23	108	0.02	0.56	33.3
S982	学术月刊	179	0.88	177	51.7	1.4	18	64	0.03	0.54	32.6
S704	学位与研究生教育	155	0.96	154	13.2	2.3	21	86	0.03	0.47	6.3
S361	学习论坛	178	0.97	176	10.3	1.4	26	104	0.01	0.64	6.4
S983	学习与探索	287	0.89	281	15.7	1.5	26	120	0.01	0.65	12.2
S363	学校党建与思想教育	729	0.94	172	4.0	1.6	28	337	0.00	0.58	4.7
S799	亚太经济	101	0.87	101	16.1	1.9	18	63	0.00	0.59	5.1
G865	医学信息学杂志	227	0.92	218	11.9	3.6	28	138	0.01	0.42	3.7
S366	艺术百家	248	0.98	229	14.3	1.4	24	120	0.01	0.50	13.6
S367	音乐研究	71	0.92	66	27.6	1.1	19	46	0.01	0.46	36.7
S368	语言教学与研究	60	0.86	59	37.5	1.4	13	37	0.08	0.60	16.8
S369	语言文字应用	60	0.82	60	20.3	1.8	14	40	0.00	0.48	11.9
S370	语言研究	69	0.95	64	27.2	1.5	20	48	0.03	0.80	22.9
S822	预测	67	0.96	67	26.4	2.8	17	44	0.03	0.93	7.9
S372	云南财经大学学报	114	0.88	114	26.8	2.1	22	74	0.02	0.73	7.9
S374	云南民族大学学报哲学社会科学版	124	0.91	124	24.1	1.4	27	85	0.00	0.72	12.0
S922	哲学动态	169	0.90	150	19.0	1.2	20	70	0.03	0.50	28.5
S923	哲学研究	161	0.88	161	16.7	1.1	20	62	0.00	0.52	21.8
S986	浙江大学学报人文社会科学版	103	0.87	101	42.9	1.7	9	33	0.06	0.74	14.2
S987	浙江社会科学	223	0.92	216	27.5	1.4	16	98	0.01	0.61	14.2
G352	证据科学	59	0.95	53	45.8	1.8	13	34	0.07	0.37	15.2
S659	证券市场导报	103	0.80	103	29.6	2.0	18	58	0.01	0.62	9.8
S619	政法论坛	97	0.92	96	46.9	1.0	20	47	0.01	0.46	13.9
S382	政治学研究	79	0.83	73	33.1	1.3	13	36	0.06	0.41	10.4
S383	政治与法律	148	0.92	148	47.6	1.0	21	60	0.00	0.56	13.4
S384	职教论坛	352	0.92	347	11.0	1.7	25	217	0.01	0.77	5.8
S386	中共党史研究	147	0.91	139	55.1	1.1	17	57	0.01	0.29	61.6
S390	中共浙江省委党校学报	91	0.90	85	30.2	1.5	13	50	0.03	0.67	9.4
S391	中共中央党校学报	90	0.93	90	16.6	1.4	16	50	0.00	0.60	9.1
S392	中国比较文学	66	0.88	61	22.6	1.2	16	41	0.02	0.56	19.5
S393	中国边疆史地研究	82	0.91	80	57.0	1.2	19	49	0.01	0.44	0.0

表 4-2 2018年中国科技核心期刊（中文）来源指标刊名字顺索引（续）

CODE	刊名	来源文献量	文献选出率	AR论文量	平均引文数	平均作者数	地区分布数	机构分布数	海外论文比	基金论文比	引用半衰期
S304	中国大学教学	239	0.91	203	5.9	2.0	23	135	0.01	0.28	5.0
S396	中国党政干部论坛	319	0.97	148	0.0	1.1	28	157	0.00	0.00	0.0
S397	中国地方志	86	0.84	84	37.8	1.1	24	70	0.00	0.31	100.0
S398	中国地质大学学报社会科学版	98	0.93	96	27.1	1.7	18	52	0.02	0.72	9.2
S633	中国法学	88	0.94	87	69.9	1.0	17	47	0.00	0.59	18.9
S400	中国翻译	61	0.43	44	16.3	1.5	14	37	0.05	0.46	13.1
S401	中国改革	96	0.85	69	0.1	1.3	9	53	0.05	0.02	4.4
S664	中国高教研究	243	0.83	199	12.0	1.6	22	103	0.01	0.47	5.6
S800	中国工业经济	119	0.90	118	47.6	2.6	17	57	0.01	0.83	9.2
S404	中国海商法研究	50	0.91	50	31.8	1.4	11	31	0.04	0.38	0.0
S823	中国科技翻译	36	0.49	29	8.4	1.6	14	34	0.03	0.47	11.9
A583	中国科技期刊研究	206	0.94	205	18.7	2.6	24	128	0.00	0.48	3.5
S133	中国科技资源导刊	91	0.88	91	12.9	2.8	19	51	0.01	0.62	5.1
S410	中国劳动	152	0.91	131	13.2	1.5	15	69	0.01	0.16	8.2
S618	中国历史地理论丛	64	0.88	64	75.2	1.3	17	40	0.03	0.72	100.0
S838	中国流通经济	154	0.93	154	26.5	1.7	23	99	0.00	0.74	6.3
S414	中国穆斯林	107	0.74	43	7.1	1.2	12	48	0.07	0.07	39.0
S803	中国农村观察	56	0.92	56	40.7	1.9	13	29	0.04	0.71	9.4
S804	中国农村经济	111	0.90	111	34.9	2.4	20	54	0.02	0.68	9.2
H221	中国农业资源与区划	418	0.98	418	19.7	2.9	30	268	0.01	0.84	5.5
S417	中国青年社会科学	115	0.93	115	13.2	1.4	21	74	0.01	0.43	7.4
S416	中国青年研究	192	0.94	191	18.7	1.6	21	106	0.03	0.39	7.6
S874	中国人口科学	61	0.88	61	23.4	2.2	16	36	0.02	0.62	8.4
S419	中国人力资源开发	163	0.86	163	42.7	2.6	24	88	0.03	0.82	7.9
S990	中国人民大学学报	101	0.96	98	29.5	1.4	13	34	0.00	0.44	12.7
S875	中国社会科学	125	0.91	125	61.8	1.4	15	45	0.02	0.60	28.3
S587	中国司法鉴定	118	0.96	96	10.8	2.9	19	75	0.02	0.43	9.6
S714	中国特殊教育	174	0.89	174	30.5	2.7	24	80	0.01	0.68	7.8
S888	中国体育科技	109	0.96	108	33.7	3.2	16	53	0.02	0.83	8.0
S902	中国图书馆学报	48	0.98	48	44.8	2.1	13	27	0.00	0.69	6.3
S426	中国文化研究	67	0.99	67	41.4	1.1	13	35	0.01	0.43	81.3
S427	中国现代文学研究丛刊	197	0.86	189	29.3	1.0	21	88	0.03	0.29	28.6
S428	中国刑事法杂志	53	0.90	53	39.8	1.1	12	29	0.00	0.42	8.5
S405	中国行政管理	320	0.82	266	17.4	1.7	27	150	0.02	0.62	7.8
G911	中国医学伦理学	356	0.92	291	10.0	3.2	26	167	0.02	0.33	4.7
S429	中国音乐	136	0.91	124	18.2	1.2	21	65	0.03	0.40	26.5
S430	中国音乐学	66	0.86	61	28.9	1.1	19	43	0.00	0.35	39.7
S715	中国语文	73	0.86	66	39.0	1.3	18	45	0.11	0.59	22.3
G131	中国运动医学杂志	160	0.89	158	31.3	4.4	22	76	0.04	0.72	6.7
S432	中国职业技术教育	604	0.95	548	8.6	1.8	31	326	0.01	0.59	4.3
S807	中国资产评估	107	0.80	81	5.5	1.7	19	66	0.04	0.12	6.5
S434	中国宗教	357	0.74	23	0.0	1.1	29	147	0.00	0.06	0.0
S435	中华文化论坛	266	0.92	252	24.5	1.3	28	154	0.01	0.47	29.4

表 4-2　2018 年中国科技核心期刊（中文）来源指标刊名字顺索引（续）

CODE	刊名	来源文献量	文献选出率	AR论文量	平均引文数	平均作者数	地区分布数	机构分布数	海外论文比	基金论文比	引用半衰期
G915	中华医学图书情报杂志	162	0.98	159	15.3	3.3	20	85	0.03	0.40	2.9
S992	中南财经政法大学学报	94	0.90	94	27.1	1.9	20	47	0.01	0.72	7.1
S993	中南民族大学学报人文社会科学版	209	0.95	201	14.5	1.5	24	83	0.01	0.64	11.3
S994	中山大学学报社会科学版	127	0.99	126	45.2	1.3	17	51	0.05	0.58	64.1
S634	中外法学	80	0.93	79	82.0	1.1	10	34	0.05	0.48	35.4
S440	中央财经大学学报	129	0.88	129	33.4	2.1	23	75	0.02	0.76	9.4
S441	中央音乐学院学报	52	0.83	47	25.3	1.1	9	29	0.15	0.21	34.0
S996	中州学刊	341	0.96	336	18.8	1.3	22	188	0.00	0.59	12.4
S444	装饰	407	0.90	177	10.5	1.5	25	149	0.08	0.40	15.6
S728	资源开发与市场	286	0.96	286	26.1	3.0	29	132	0.01	0.92	6.5
S446	资源与产业	75	0.88	74	19.5	2.7	21	50	0.00	0.49	6.3
S926	自然辩证法研究	247	0.91	244	17.1	1.5	25	123	0.01	0.63	13.5
S448	宗教学研究	162	0.94	146	29.4	1.2	24	83	0.04	0.52	33.9

5 2018年各学科分类期刊整体情况

表5 2018年各学科分类期刊数量、核心总被引频次和核心影响因子

表格	学科分类	期刊数量	核心总被引频次		核心影响因子	
			平均值	中值	平均值	中值
表6-1	社会科学综合	22	908	638	0.482	0.311
表6-2	社会科学综合大学学报	34	385	345	0.380	0.361
表6-3	社会科学师范大学学报	10	324	308	0.289	0.284
表6-4	马克思主义	5	428	376	0.364	0.341
表6-5	哲学	5	459	536	0.270	0.236
表6-6	宗教学	5	122	110	0.077	0.076
表6-7	语言学综合	12	385	323	0.325	0.334
表6-8	外国语言学	8	370	377	0.383	0.369
表6-9	中国文学	13	302	207	0.168	0.140
表6-10	外国文学	5	120	122	0.104	0.101
表6-11	艺术学	19	208	187	0.121	0.098
表6-12	历史学	10	503	296	0.321	0.153
表6-13	考古学	5	923	626	0.328	0.358
表6-14	经济学综合	27	1557	905	1.166	0.815
表6-15	经济大学学报	9	401	290	0.688	0.660
表6-16	国民经济学、管理经济学、数量经济学	12	719	566	0.575	0.501
表6-17	会计学、审计学	3	1395	894	1.044	1.035
表6-18	生态农业经济学	9	1599	1659	1.189	0.897
表6-19	工商业经济学	16	1158	738	0.993	0.682
表6-20	财政学、金融学、保险学	16	1077	643	0.956	0.735
表6-21	政治学综合	11	366	286	0.378	0.256
表6-22	政治大学学报	7	340	296	0.515	0.419
表6-23	行政学	3	1004	475	0.801	0.806
表6-24	国际政治学、外交学	4	437	285	0.963	0.912
表6-25	法学综合	17	1096	967	1.262	1.132
表6-26	部门法学、刑事侦查学、司法鉴定学	7	318	333	0.430	0.321
表6-27	军事学	3	156	147	0.299	0.294
表6-28	社会学综合	11	860	436	0.881	0.471
表6-29	人口学、劳动科学	6	776	721	1.018	0.807
表6-30	民族学与文化学	5	235	205	0.191	0.185
表6-31	新闻学与传播学	5	988	677	0.816	0.553
表6-32	图书馆学、文献学	13	1005	820	1.006	0.814
表6-33	情报学	13	1481	985	1.016	1.149
表6-34	档案学、博物馆学	2	457	457	0.517	0.517
表6-35	教育学综合	17	593	493	0.572	0.451

表5　2018年各学科分类期刊数量、核心总被引频次和核心影响因子（续）

表格	学科分类	期刊数量	核心总被引频次		核心影响因子	
			平均值	中值	平均值	中值
表6-36	学前教育学、普通教育学	6	330	369	0.280	0.243
表6-37	高等教育学	7	779	700	0.578	0.508
表6-38	成人教育学、职业技术教育学	5	443	438	0.429	0.372
表6-39	体育科学	10	723	589	0.626	0.573
表6-40	统计学	3	1973	2075	0.769	0.724

6 2018年各学科分类期刊指标情况
社会科学综合

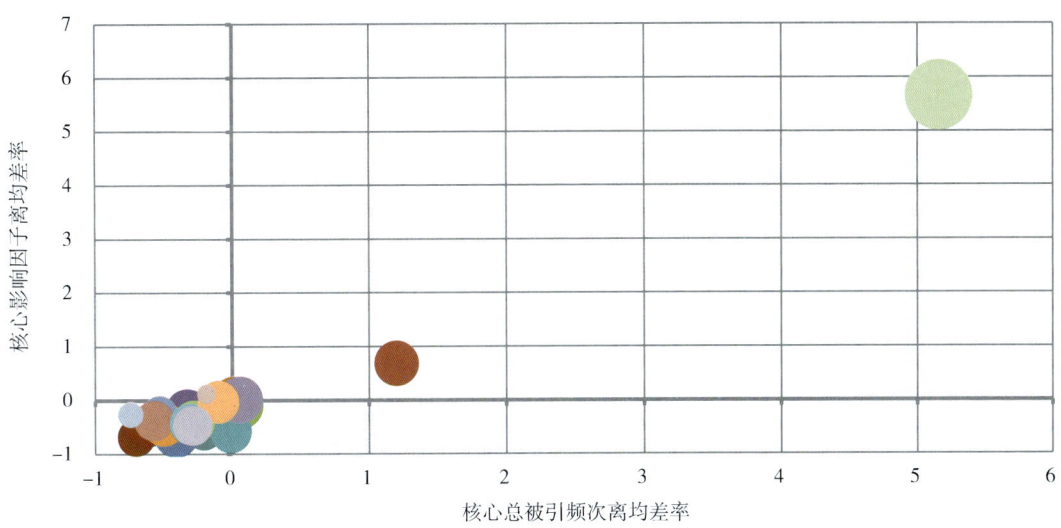

2018年社会科学综合类期刊核心总被引频次和核心影响因子离均差率的分布图
（节点大小表示综合评价总分）

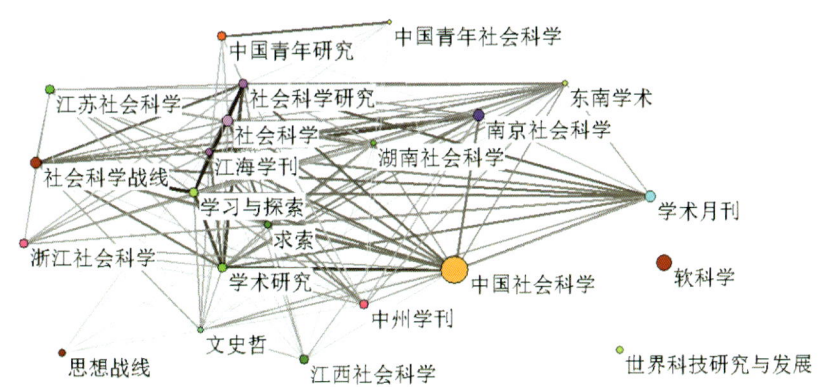

2018年社会科学综合类期刊互引关系示意图

表 6-1 2018 年社会科学综合类期刊主要指标

CODE	刊名	核心总被引频次			核心影响因子			综合评价总分		学科扩散指标	学科影响指标	红点指标
		数值	排名	离均差率	数值	排名	离均差率	数值	排名			
S174	东南学术	355	20	-0.61	0.248	18	-0.49	29.3	17	11.65	0.77	0.64
S211	湖南社会科学	271	21	-0.70	0.153	22	-0.68	26.8	19	12.21	0.64	0.63
S944	江海学刊	545	15	-0.40	0.278	14	-0.42	31.5	14	12.21	0.86	0.93
S854	江苏社会科学	621	13	-0.32	0.318	11	-0.34	32.5	12	15.88	0.77	0.47
S946	江西社会科学	714	9	-0.21	0.221	19	-0.54	30.4	15	16.28	0.82	0.45
S858	南京社会科学	913	5	0.01	0.503	4	0.04	36.4	8	16.68	0.86	0.10
S958	求索	539	16	-0.41	0.176	21	-0.63	38.4	4	15.00	0.82	0.45
S819	软科学	2001	2	1.20	0.815	2	0.69	38.1	5	39.56	0.41	0.65
S863	社会科学	958	4	0.06	0.438	7	-0.09	41.3	2	15.67	0.95	0.70
S865	社会科学研究	612	14	-0.33	0.384	8	-0.20	38.0	6	15.88	0.77	0.44
S866	社会科学战线	895	6	-0.01	0.205	20	-0.57	34.8	9	15.15	0.91	0.52
A201	世界科技研究与发展	456	17	-0.50	0.275	16	-0.43	36.6	7	74.25	0.18	0.45
S292	思想战线	425	18	-0.53	0.369	9	-0.23	22.6	20	12.14	0.64	0.57
S973	文史哲	391	19	-0.57	0.303	12	-0.37	30.1	16	7.94	0.82	0.16
S981	学术研究	657	10	-0.28	0.296	13	-0.39	34.1	10	13.75	0.91	0.30
S982	学术月刊	966	3	0.06	0.491	5	0.02	40.6	3	15.00	0.91	0.63
S983	学习与探索	629	12	-0.31	0.276	15	-0.43	31.8	13	10.86	1.00	0.39
S987	浙江社会科学	816	7	-0.10	0.471	6	-0.02	33.9	11	16.11	0.82	1.00
S417	中国青年社会科学	233	22	-0.74	0.355	10	-0.26	12.2	21	10.63	0.36	0.48
S416	中国青年研究	739	8	-0.19	0.546	3	0.13	6.8	22	12.79	0.64	0.73
S875	中国社会科学	5589	1	5.16	3.213	1	5.67	91.5	1	22.48	0.95	0.35
S996	中州学刊	646	11	-0.29	0.261	17	-0.46	29.3	17	14.47	0.86	0.69
	22 种期刊平均值	908			0.482							

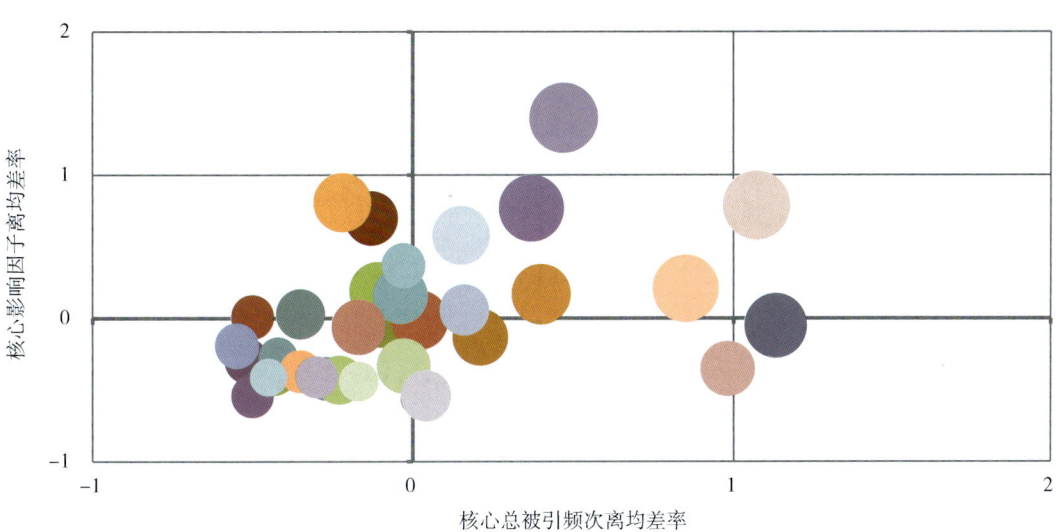

2018年社会科学综合大学学报类期刊核心总被引频次和核心影响因子离均差率的分布图
（节点大小表示综合评价总分）

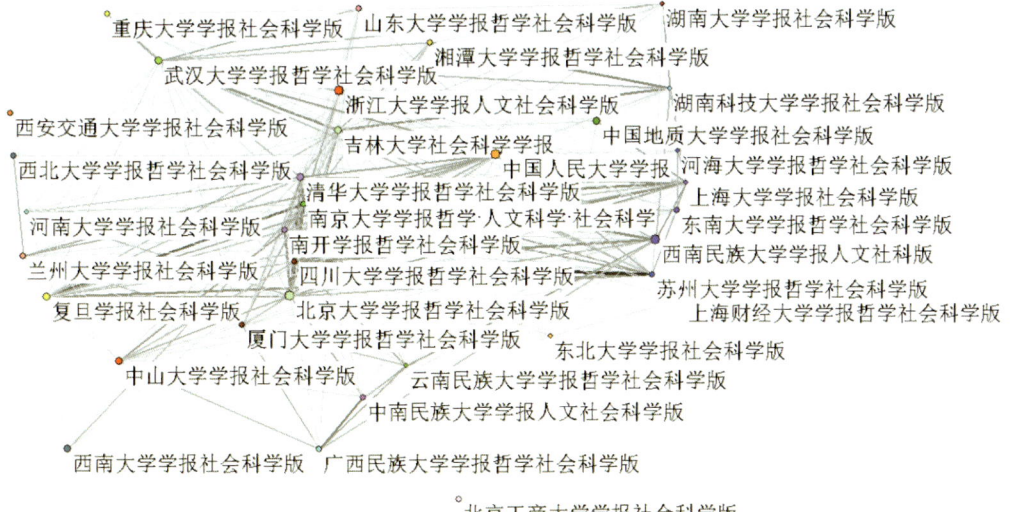

2018年社会科学综合大学学报类期刊互引关系示意图

表 6-2 2018 年社会科学综合大学学报类期刊主要指标

CODE	刊名	核心总被引频次			核心影响因子			综合评价总分		学科扩散指标	学科影响指标	红点指标
		数值	排名	离均差率	数值	排名	离均差率	数值	排名			
S929	北京大学学报哲学社会科学版	819	1	1.13	0.362	17	-0.05	65.4	5	9.71	0.91	0.59
S154	北京工商大学学报社会科学版	334	19	-0.13	0.647	5	0.70	46.4	16	20.86	0.21	0.87
S443	重庆大学学报社会科学版	346	17	-0.10	0.371	16	-0.02	43.5	17	13.43	0.41	0.72
S170	东北大学学报社会科学版	184	33	-0.52	0.270	22	-0.29	32.8	23	11.36	0.32	0.82
S172	东南大学学报哲学社会科学版	252	26	-0.35	0.390	13	0.03	39.4	20	12.31	0.38	0.52
S934	复旦学报社会科学版	466	8	0.21	0.330	19	-0.13	50.9	11	8.38	0.85	0.56
S936	广西民族大学学报哲学社会科学版	387	13	0.01	0.166	34	-0.56	17.0	34	15.78	0.26	0.61
S272	河海大学学报哲学社会科学版	193	31	-0.50	0.385	14	0.01	30.9	25	9.08	0.35	0.72
S205	河南大学学报社会科学版	218	29	-0.43	0.231	26	-0.39	28.5	29	12.00	0.32	0.52
S209	湖南大学学报社会科学版	191	32	-0.50	0.173	33	-0.54	30.5	26	9.43	0.41	0.42
S210	湖南科技大学学报社会科学版	223	28	-0.42	0.277	21	-0.27	25.3	32	11.30	0.29	0.27
S942	吉林大学社会科学学报	540	6	0.40	0.444	10	0.17	58.2	6	10.17	0.68	0.49
S947	兰州大学学报社会科学版	281	24	-0.27	0.219	29	-0.42	30.4	27	12.79	0.41	0.50
S950	南京大学学报哲学·人文科学·社会科学	394	12	0.02	0.375	15	-0.01	55.1	8	8.67	0.71	0.33
S953	南开学报哲学社会科学	343	18	-0.11	0.452	9	0.19	53.9	10	12.25	0.47	0.55
S955	清华大学学报哲学社会科学版	526	7	0.37	0.673	4	0.77	70.5	4	11.67	0.62	0.48
S264	山东大学学报哲学社会科学版	368	16	-0.04	0.441	11	0.16	49.8	12	11.59	0.50	0.67
S265	上海财经大学学报哲学社会科学版	301	22	-0.22	0.689	2	0.81	55.0	9	11.00	0.41	0.44
S965	上海大学学报社会科学版	175	34	-0.55	0.309	20	-0.19	32.9	22	6.94	0.47	0.66
S967	四川大学学报哲学社会科学版	318	21	-0.17	0.359	18	-0.06	48.1	13	11.24	0.50	0.68
S294	苏州大学学报哲学社会科学版	298	23	-0.23	0.217	30	-0.43	38.5	21	9.82	0.50	0.25
S334	武汉大学学报哲学社会科学版	567	5	0.47	0.911	1	1.40	78.1	1	11.55	0.65	0.51
S336	西安交通大学学报社会科学版	372	15	-0.03	0.520	7	0.37	32.2	24	15.31	0.38	0.80
S975	西北大学学报哲学社会科学版	251	27	-0.35	0.239	25	-0.37	29.1	28	13.45	0.32	0.34
S340	西南大学学报社会科学版	446	9	0.16	0.403	12	0.06	40.9	19	14.92	0.38	0.35
S341	西南民族大学学报人文社科版	761	3	0.98	0.248	24	-0.35	48.0	15	16.00	0.56	0.29
S978	厦门大学学报哲学社会科学版	374	14	-0.03	0.255	23	-0.33	48.1	13	10.43	0.62	0.52
S346	湘潭大学学报哲学社会科学版	270	25	-0.30	0.225	27	-0.41	28.4	30	12.83	0.35	0.72
S374	云南民族大学学报哲学社会科学版	211	30	-0.45	0.225	27	-0.41	22.8	33	9.17	0.35	0.08
S986	浙江大学学报人文社会科学版	712	4	0.85	0.459	8	0.21	72.4	3	13.29	0.71	0.45
S398	中国地质大学学报社会科学版	441	10	0.15	0.602	6	0.58	55.6	7	19.73	0.32	0.52
S990	中国人民大学学报	797	2	1.07	0.680	3	0.79	74.8	2	9.97	0.85	0.55
S993	中南民族大学学报人文社会科学版	320	20	-0.17	0.213	31	-0.44	25.6	31	9.35	0.50	0.85
S994	中山大学学报社会科学版	402	11	0.04	0.175	32	-0.54	42.4	18	12.12	0.50	0.30
	34 种期刊平均值	385			0.380							

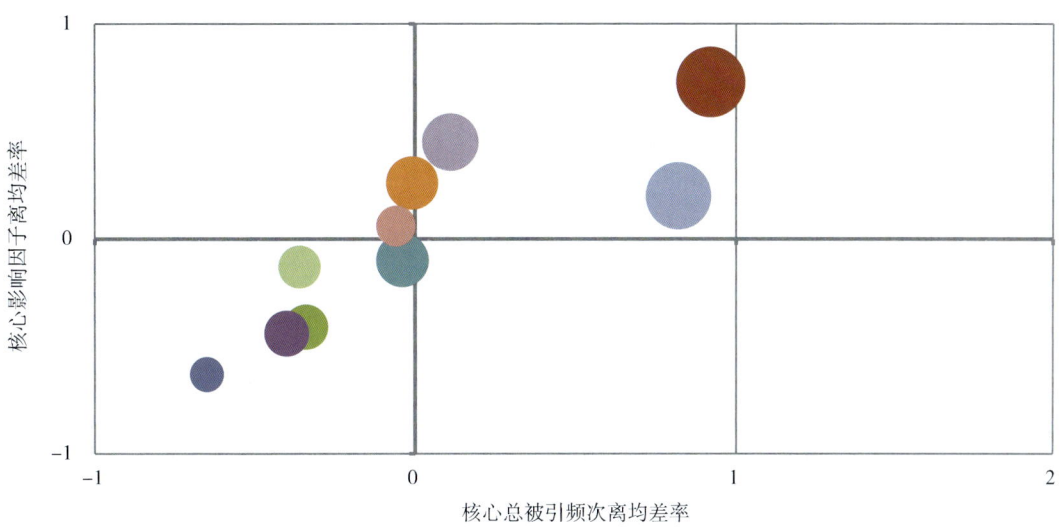

2018年社会科学师范大学学报类期刊核心总被引频次和核心影响因子离均差率的分布图
（节点大小表示综合评价总分）

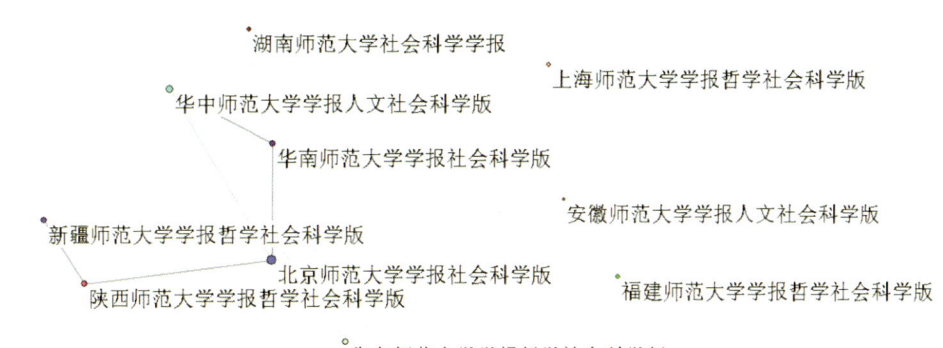

2018年社会科学师范大学学报类期刊互引关系示意图

表 6-3　2018 年社会科学师范大学学报类期刊主要指标

CODE	刊名	核心总被引频次			核心影响因子			综合评价总分		学科扩散指标	学科影响指标	红点指标
		数值	排名	离均差率	数值	排名	离均差率	数值	排名			
S151	安徽师范大学学报人文社会科学版	114	10	-0.65	0.107	10	-0.63	22.6	10	27.33	0.30	0.89
S930	北京师范大学学报社会科学版	623	1	0.92	0.500	1	0.73	89.9	1	28.11	0.90	0.18
S933	福建师范大学学报哲学社会科学版	214	7	-0.34	0.171	8	-0.41	36.9	7	49.33	0.30	0.54
S213	湖南师范大学社会科学学报	196	9	-0.40	0.163	9	-0.44	38.1	6	45.33	0.30	0.43
S939	华东师范大学学报哲学社会科学版	311	5	-0.04	0.261	6	-0.10	52.9	4	33.60	0.50	0.35
S940	华南师范大学学报社会科学版	320	4	-0.01	0.365	3	0.26	51.6	5	37.20	0.50	0.18
S941	华中师范大学学报人文社会科学版	591	2	0.82	0.346	4	0.20	81.9	2	37.43	0.70	0.35
S964	陕西师范大学学报哲学社会科学版	304	6	-0.06	0.307	5	0.06	30.2	9	25.83	0.60	0.58
S269	上海师范大学学报哲学社会科学版	206	8	-0.36	0.252	7	-0.13	33.8	8	14.56	0.90	0.34
S349	新疆师范大学学报哲学社会科学版	361	3	0.11	0.419	2	0.45	60.8	3	37.00	0.50	0.52
	10 种期刊平均值	324			0.289							

马克思主义

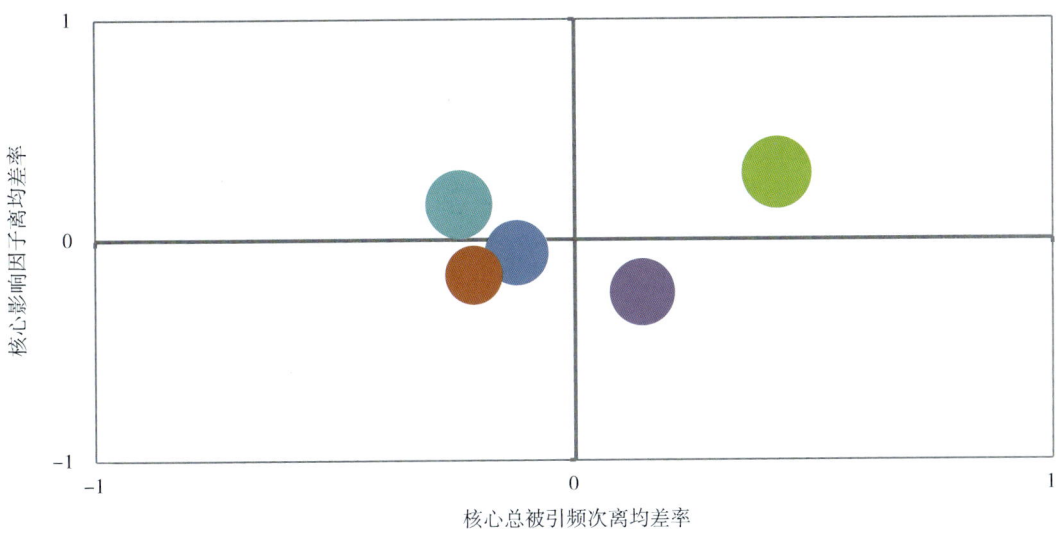

2018年马克思主义类期刊核心总被引频次和核心影响因子离均差率的分布图（节点大小表示综合评价总分）

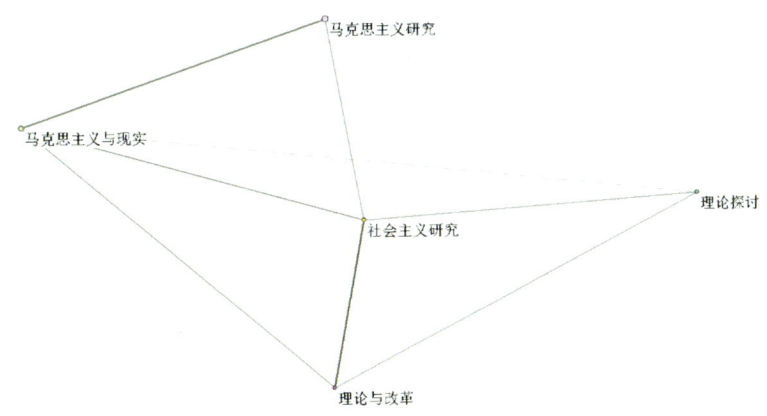

2018年马克思主义类期刊互引关系示意图

表 6-4　2018 年马克思主义类期刊主要指标

CODE	刊名	核心总被引频次			核心影响因子			综合评价总分		学科扩散指标	学科影响指标	红点指标
		数值	排名	离均差率	数值	排名	离均差率	数值	排名			
S237	理论探讨	376	3	-0.12	0.341	3	-0.06	50.1	4	33.20	1.00	0.53
S238	理论与改革	340	4	-0.21	0.307	4	-0.16	41.0	5	57.33	0.60	0.58
S246	马克思主义研究	607	1	0.42	0.475	1	0.30	61.1	1	29.40	1.00	0.68
S247	马克思主义与现实	490	2	0.14	0.277	5	-0.24	53.0	3	34.00	1.00	0.61
S276	社会主义研究	327	5	-0.24	0.421	2	0.16	56.3	2	29.00	1.00	0.25
	5 种期刊平均值	428			0.364							

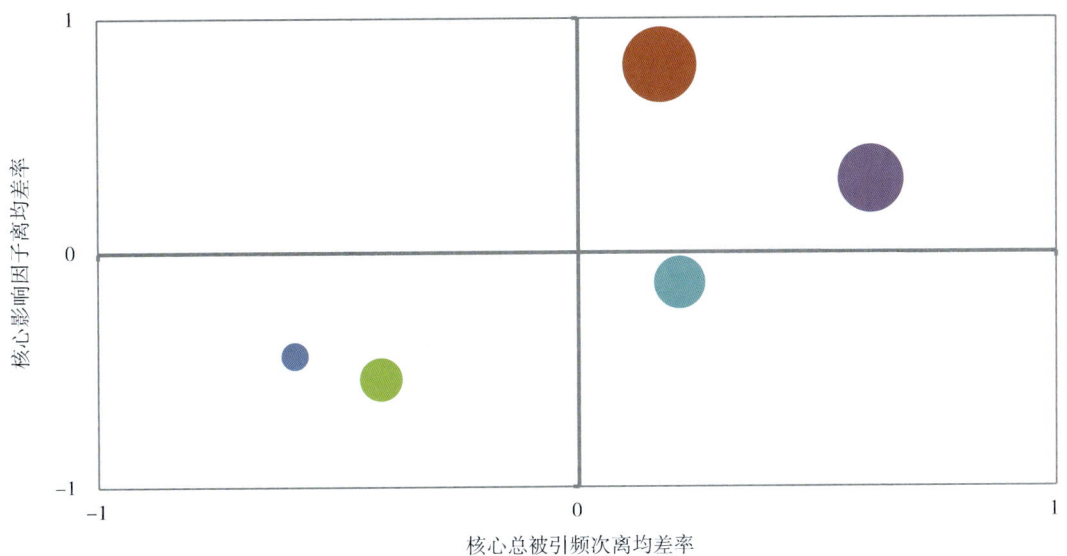

2018年哲学类期刊核心总被引频次和核心影响因子离均差率的分布图（节点大小表示综合评价总分）

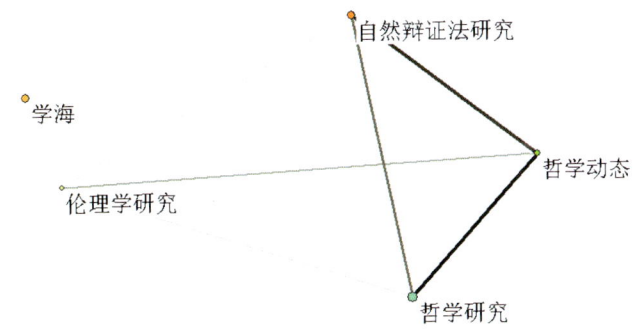

2018年哲学类期刊互引关系示意图

表 6-5　2018 年哲学类期刊主要指标

CODE	刊名	核心总被引频次			核心影响因子			综合评价总分		学科扩散指标	学科影响指标	红点指标
		数值	排名	离均差率	数值	排名	离均差率	数值	排名			
S244	伦理学研究	189	5	-0.59	0.150	4	-0.44	11.9	5	22.00	0.80	0.64
S354	学海	536	3	0.17	0.487	1	0.80	84.6	1	73.00	0.60	0.44
S922	哲学动态	273	4	-0.41	0.124	5	-0.54	28.5	4	23.60	1.00	0.39
S923	哲学研究	741	1	0.61	0.355	2	0.31	69.2	2	50.25	0.80	0.73
S926	自然辩证法研究	554	2	0.21	0.236	3	-0.13	41.0	3	65.33	0.60	0.33
	5 种期刊平均值	459			0.270							

宗教学

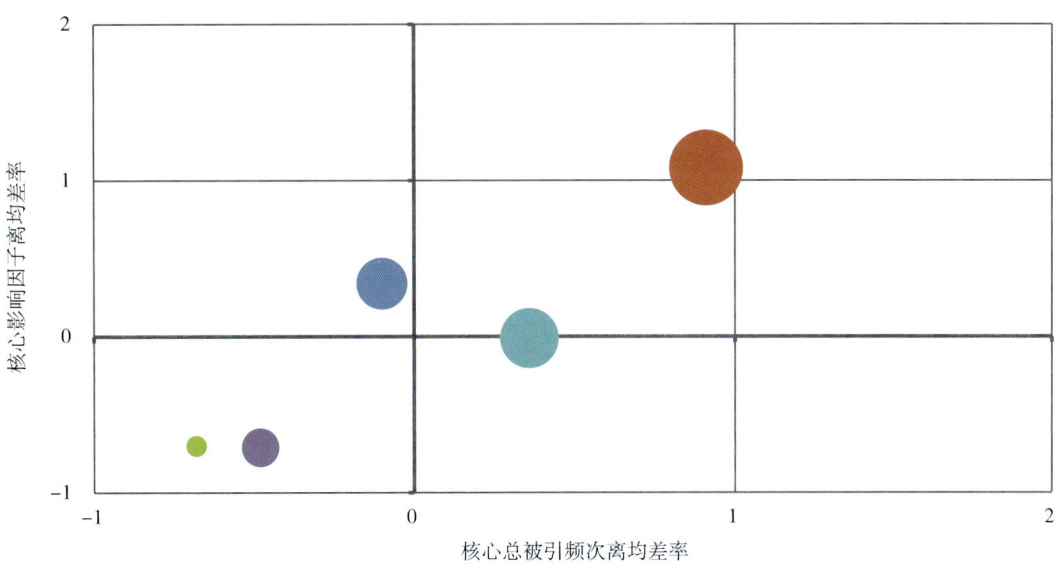

2018年宗教学类期刊核心总被引频次和核心影响因子离均差率的分布图（节点大小表示综合评价总分）

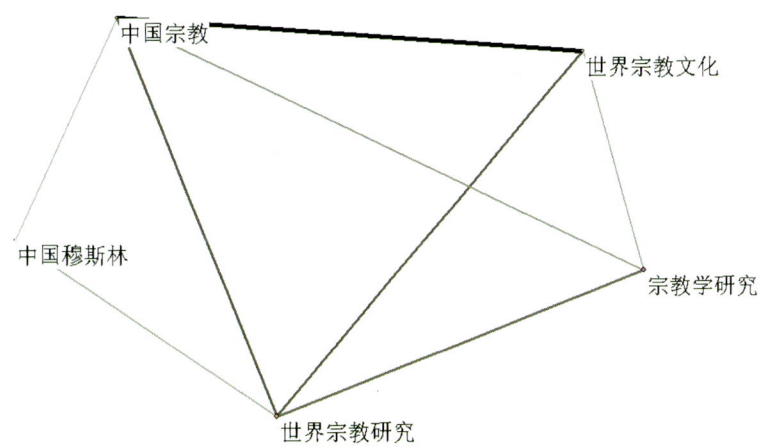

2018年宗教学类期刊互引关系示意图

表 6-6　2018 年宗教学类期刊主要指标

CODE	刊名	核心总被引频次			核心影响因子			综合评价总分		学科扩散指标	学科影响指标	红点指标
		数值	排名	离均差率	数值	排名	离均差率	数值	排名			
S286	世界宗教文化	110	3	-0.10	0.103	2	0.34	38.2	3	11.67	0.60	0.71
S287	世界宗教研究	233	1	0.91	0.160	1	1.08	80.5	1	16.75	0.80	0.73
S414	中国穆斯林	39	5	-0.68	0.023	4	-0.70	6.4	5	4.00	0.60	0.29
S434	中国宗教	63	4	-0.48	0.022	5	-0.71	21.2	4	4.50	0.80	0.74
S448	宗教学研究	166	2	0.36	0.076	3	-0.01	50.9	2	17.00	0.60	0.76
	5 种期刊平均值	122			0.077							

语言学综合

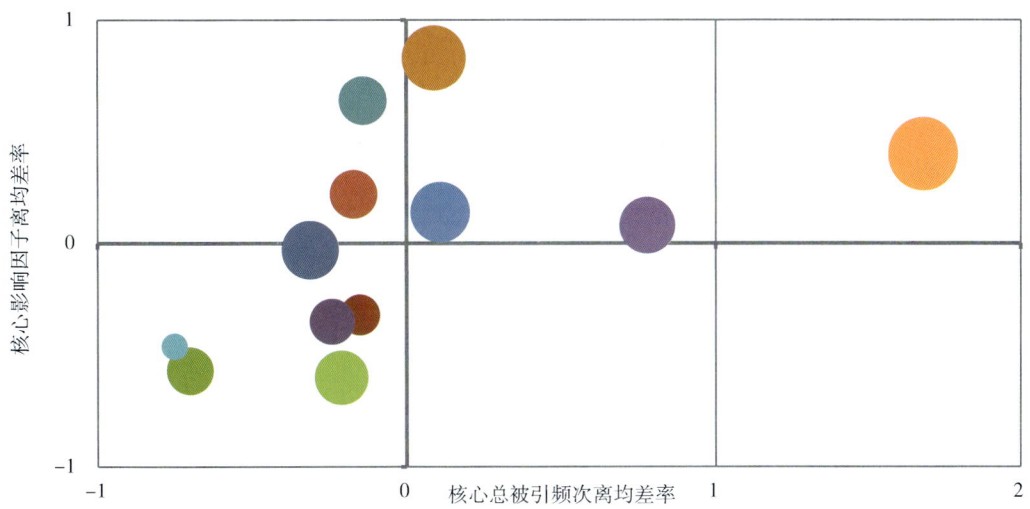

2018年语言学综合类期刊核心总被引频次和核心影响因子离均差率的分布图（节点大小表示综合评价总分）

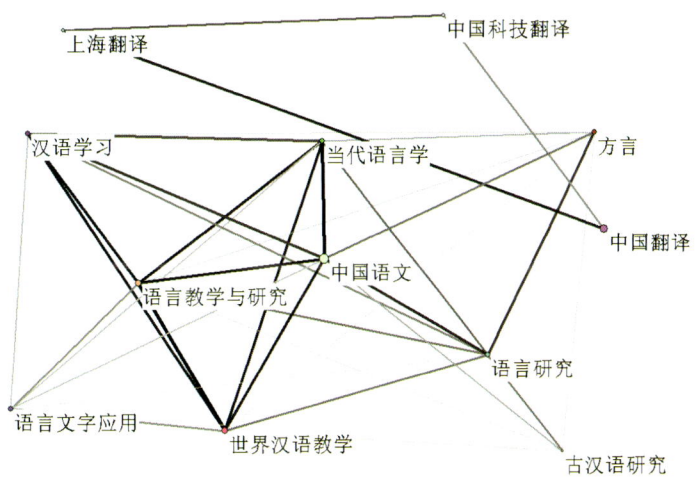

2018年语言学综合类期刊互引关系示意图

45

表 6-7　2018 年语言学综合类期刊主要指标

CODE	刊名	核心总被引频次			核心影响因子			综合评价总分		学科扩散指标	学科影响指标	红点指标
		数值	排名	离均差率	数值	排名	离均差率	数值	排名			
S165	当代语言学	266	10	-0.31	0.316	7	-0.03	53.0	4	5.67	0.75	0.79
S179	方言	327	6	-0.15	0.222	8	-0.32	25.8	11	3.11	0.75	0.92
S184	古汉语研究	117	11	-0.70	0.141	11	-0.57	35.7	9	3.44	0.75	0.30
S200	汉语学习	292	9	-0.24	0.210	9	-0.35	32.5	10	4.33	0.75	0.57
S266	上海翻译	330	5	-0.14	0.534	2	0.64	37.2	7	11.00	0.25	0.55
S691	世界汉语教学	419	4	0.09	0.595	1	0.83	66.2	2	4.80	0.83	0.56
S368	语言教学与研究	429	3	0.11	0.371	5	0.14	57.5	3	6.44	0.75	0.35
S369	语言文字应用	318	7	-0.17	0.395	4	0.22	36.7	8	9.13	0.67	0.42
S370	语言研究	305	8	-0.21	0.131	12	-0.60	46.2	6	4.20	0.83	0.79
S400	中国翻译	687	2	0.78	0.351	6	0.08	50.5	5	16.50	0.33	0.71
S823	中国科技翻译	95	12	-0.75	0.175	10	-0.46	11.2	12	6.00	0.33	0.25
S715	中国语文	1032	1	1.68	0.455	3	0.40	82.9	1	7.78	0.75	0.19
	12 种期刊平均值	385			0.325							

外国语言学

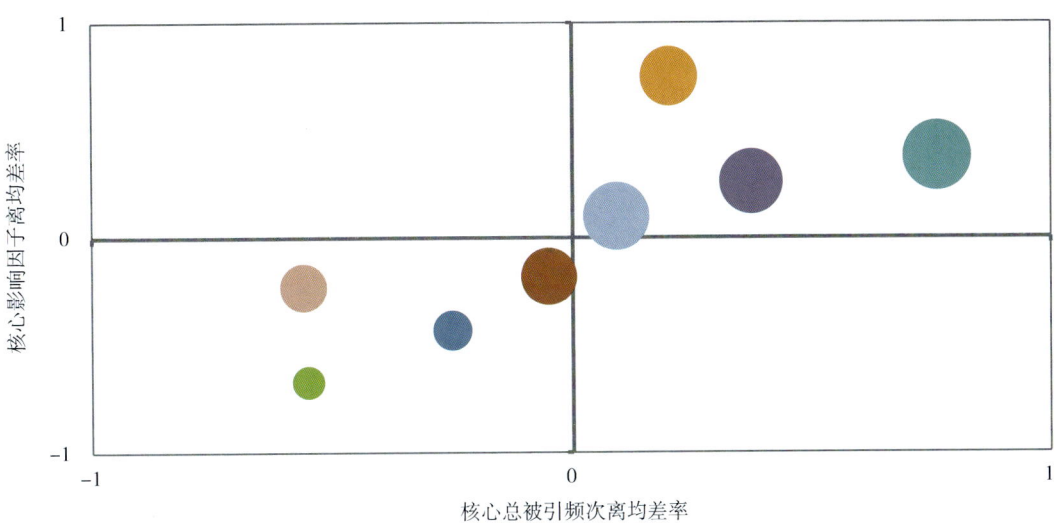

2018年外国语言学类期刊核心总被引频次和核心影响因子离均差率的分布图（节点大小表示综合评价总分）

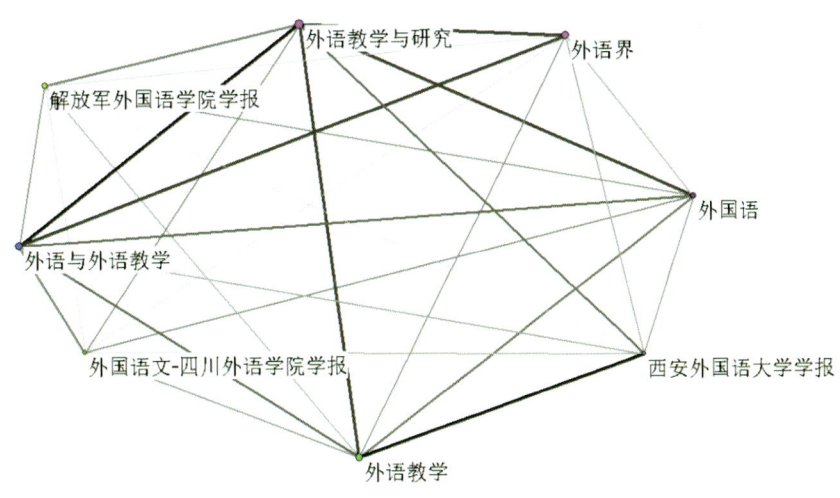

2018年外国语言学类期刊互引关系示意图

表 6-8　2018 年外国语言学类期刊主要指标

CODE	刊名	核心总被引频次			核心影响因子			综合评价总分		学科扩散指标	学科影响指标	红点指标
		数值	排名	离均差率	数值	排名	离均差率	数值	排名			
S225	解放军外国语学院学报	276	6	-0.25	0.218	7	-0.43	23.6	7	7.75	1.00	0.58
S317	外国语	351	5	-0.05	0.315	5	-0.18	48.3	5	6.50	1.00	0.37
S318	外国语文-四川外语学院学报	168	7	-0.55	0.128	8	-0.67	16.0	8	6.88	1.00	0.23
S697	外语教学	507	2	0.37	0.483	3	0.26	63.1	3	8.75	1.00	0.56
S698	外语教学与研究	650	1	0.76	0.528	2	0.38	73.2	1	9.38	1.00	0.27
S323	外语界	443	3	0.20	0.671	1	0.75	52.0	4	6.14	0.88	0.47
S699	外语与外语教学	402	4	0.09	0.423	4	0.10	68.1	2	9.25	1.00	0.88
S576	西安外国语大学学报	163	8	-0.56	0.296	6	-0.23	33.9	6	4.29	0.88	0.41
	8 种期刊平均值	370			0.383							

中国文学

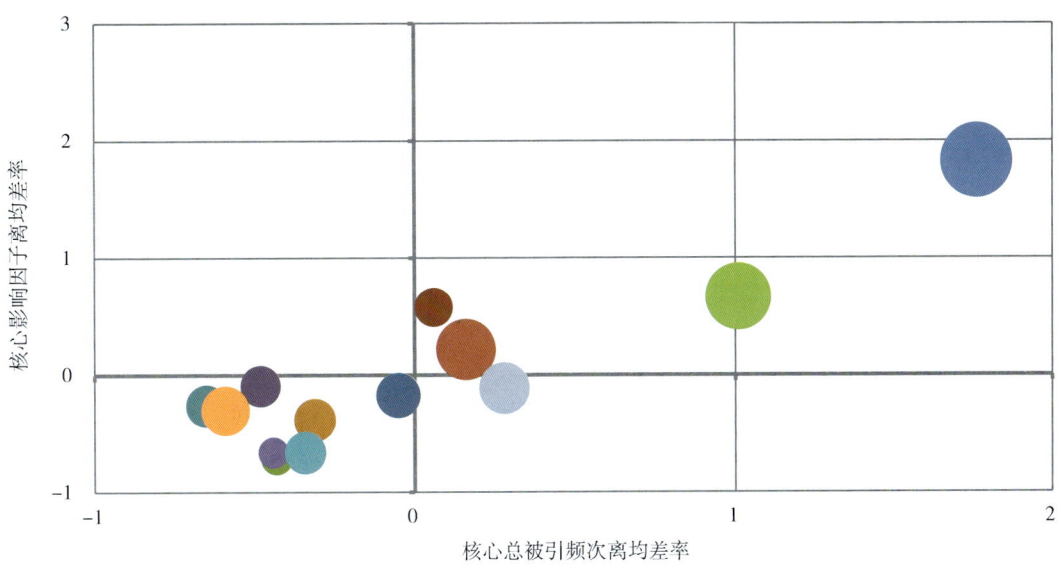

2018年中国文学类期刊核心总被引频次和核心影响因子离均差率的分布图（节点大小表示综合评价总分）

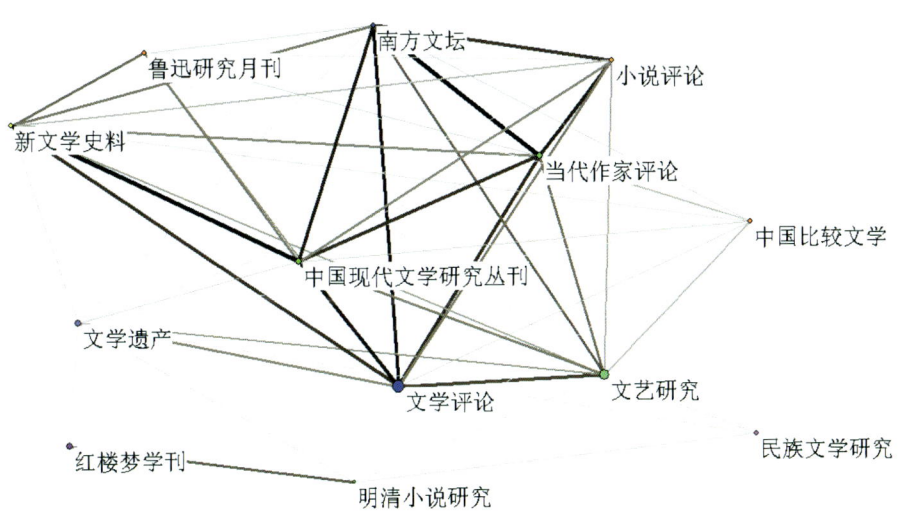

2018年中国文学类期刊互引关系示意图

表 6-9　2018 年中国文学类期刊主要指标

CODE	刊名	核心总被引频次			核心影响因子			综合评价总分		学科扩散指标	学科影响指标	红点指标
		数值	排名	离均差率	数值	排名	离均差率	数值	排名			
S166	当代作家评论	288	6	-0.05	0.140	7	-0.17	33.1	6	3.91	0.85	0.18
S206	红楼梦学刊	321	5	0.06	0.265	3	0.58	24.7	11	5.60	0.38	0.13
S243	鲁迅研究月刊	172	9	-0.43	0.048	13	-0.71	17.1	12	4.71	0.54	0.68
S251	民族文学研究	158	11	-0.48	0.153	5	-0.09	27.9	10	5.29	0.54	0.72
S254	明清小说研究	105	13	-0.65	0.125	8	-0.26	29.1	9	4.25	0.62	0.87
S255	南方文坛	207	7	-0.31	0.105	10	-0.38	29.9	7	3.78	0.69	0.72
S327	文学评论	834	1	1.76	0.476	1	1.83	92.0	1	8.92	1.00	0.68
S328	文学遗产	350	4	0.16	0.205	4	0.22	60.5	3	6.73	0.85	0.27
S332	文艺研究	607	2	1.01	0.281	2	0.67	72.8	2	10.58	0.92	0.88
S348	小说评论	169	10	-0.44	0.057	11	-0.66	16.0	13	4.43	0.54	0.60
S351	新文学史料	198	8	-0.34	0.057	11	-0.66	29.3	8	3.80	0.77	0.87
S392	中国比较文学	124	12	-0.59	0.117	9	-0.30	40.0	5	4.64	0.85	0.83
S427	中国现代文学研究丛刊	388	3	0.28	0.150	6	-0.11	43.4	4	5.50	0.92	0.84
	13 种期刊平均值	302			0.168							

外国文学

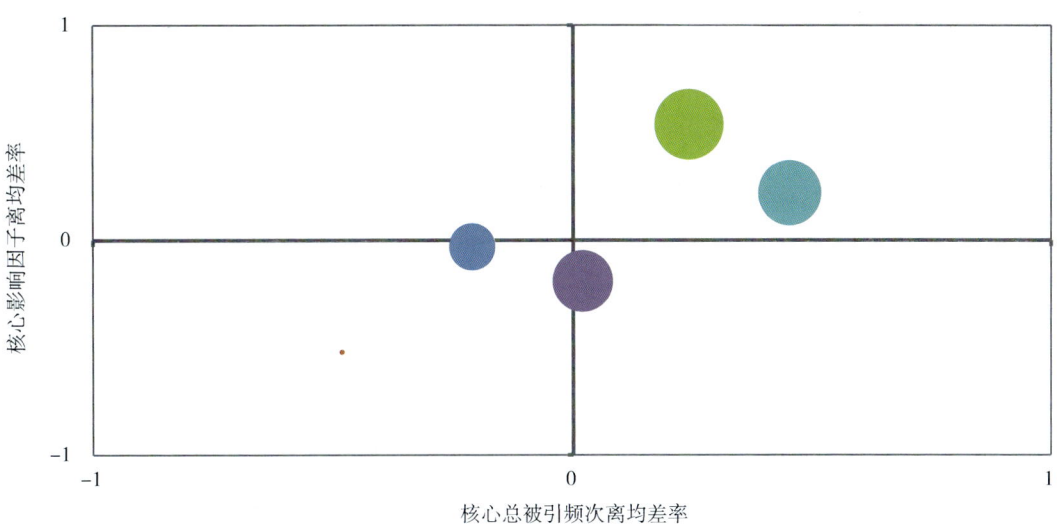

2018年外国文学类期刊核心总被引频次和核心影响因子离均差率的分布图(节点大小表示综合评价总分)

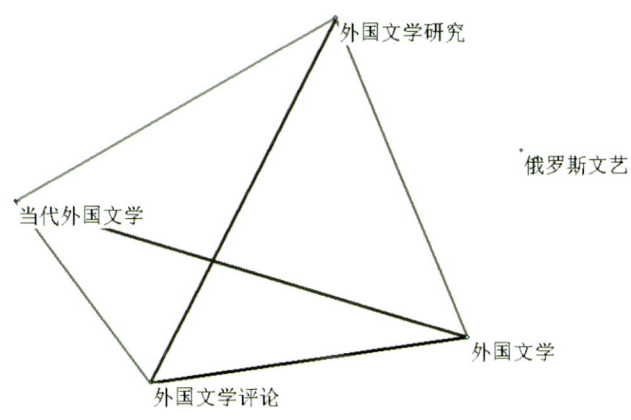

2018年外国文学类期刊互引关系示意图

表 6-10 2018年外国文学类期刊主要指标

CODE	刊名	核心总被引频次			核心影响因子			综合评价总分		学科扩散指标	学科影响指标	红点指标
		数值	排名	离均差率	数值	排名	离均差率	数值	排名			
S162	当代外国文学	95	4	−0.21	0.101	3	−0.03	38.3	4	7.75	0.80	0.73
S177	俄罗斯文艺	62	5	−0.48	0.050	5	−0.52	0.5	5	4.00	0.80	0.63
S314	外国文学	149	2	0.24	0.160	1	0.54	84.9	1	11.00	1.00	0.71
S315	外国文学评论	122	3	0.02	0.084	4	−0.19	65.3	3	10.75	0.80	0.70
S316	外国文学研究	174	1	0.45	0.127	2	0.22	73.4	2	10.80	1.00	0.31
	5种期刊平均值	120			0.104							

艺术学

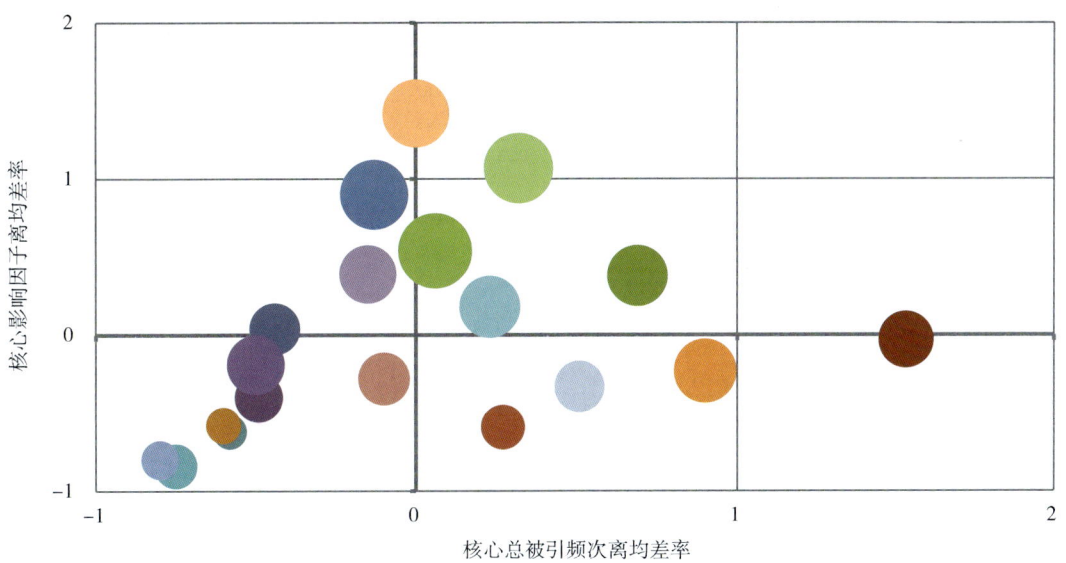

2018年艺术学类期刊核心总被引频次和核心影响因子离均差率的分布图（节点大小表示综合评价总分）

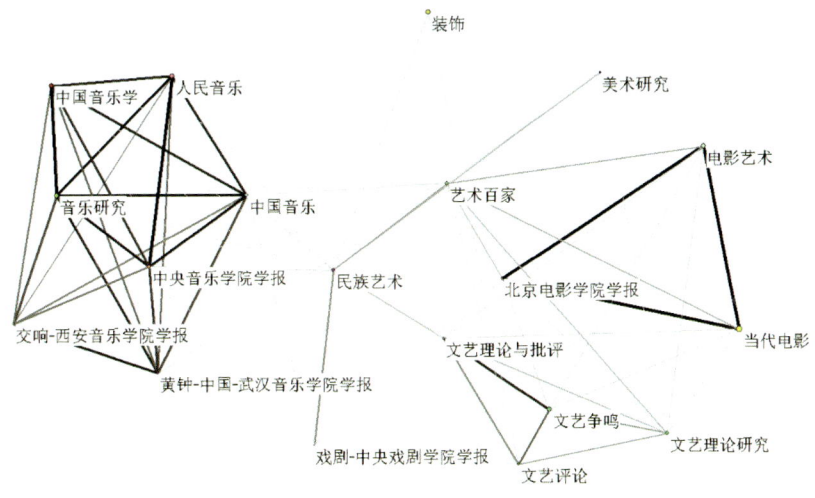

2018年艺术学类期刊互引关系示意图

表 6-11 2018 年艺术学类期刊主要指标

CODE	刊名	核心总被引频次			核心影响因子			综合评价总分		学科扩散指标	学科影响指标	红点指标
		数值	排名	离均差率	数值	排名	离均差率	数值	排名			
S153	北京电影学院学报	116	13	-0.44	0.126	8	0.04	33.8	12	4.17	0.32	0.53
S160	当代电影	527	1	1.53	0.117	9	-0.03	40.8	10	8.40	0.26	0.97
S169	电影艺术	352	3	0.69	0.167	6	0.38	47.9	7	4.38	0.42	0.34
S216	黄钟-中国-武汉音乐学院学报	107	14	-0.49	0.073	14	-0.40	30.7	14	1.90	0.53	0.24
S221	交响-西安音乐学院学报	88	16	-0.58	0.046	17	-0.62	15.5	19	1.60	0.53	0.63
S248	美术研究	83	17	-0.60	0.051	15	-0.58	16.6	18	3.30	0.53	0.48
S253	民族艺术	182	11	-0.13	0.230	3	0.90	61.7	3	4.73	0.58	0.68
S263	人民音乐	264	6	0.27	0.050	16	-0.59	25.7	15	2.33	0.63	0.24
S329	文艺理论研究	221	8	0.06	0.186	4	0.54	72.2	1	6.23	0.68	0.57
S330	文艺理论与批评	104	15	-0.50	0.098	10	-0.19	44.4	8	5.22	0.47	0.68
S331	文艺评论	51	18	-0.75	0.019	19	-0.84	25.4	16	4.71	0.37	0.23
S333	文艺争鸣	396	2	0.90	0.093	11	-0.23	51.8	5	7.50	0.53	0.43
S342	戏剧-中央戏剧学院学报	42	19	-0.80	0.024	18	-0.80	19.3	17	2.22	0.47	0.16
S366	艺术百家	187	10	-0.10	0.087	12	-0.28	35.6	11	4.31	0.84	0.38
S367	音乐研究	275	5	0.32	0.250	2	1.07	63.6	2	2.17	0.63	0.41
S429	中国音乐	176	12	-0.15	0.168	5	0.39	43.6	9	2.00	0.53	0.37
S430	中国音乐学	255	7	0.23	0.143	7	0.18	48.9	6	2.70	0.53	0.52
S441	中央音乐学院学报	209	9	0.00	0.293	1	1.42	58.9	4	2.36	0.58	0.42
S444	装饰	315	4	0.51	0.081	13	-0.33	33.7	13	10.22	0.47	0.68
	19 种期刊平均值	208			0.121							

历史学

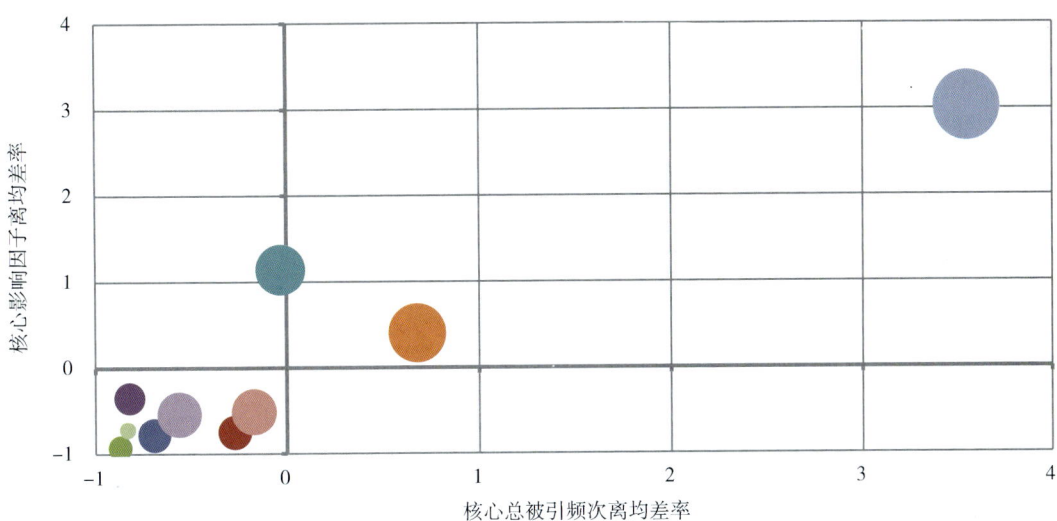

2018年历史学类期刊核心总被引频次和核心影响因子离均差率的分布图（节点大小表示综合评价总分）

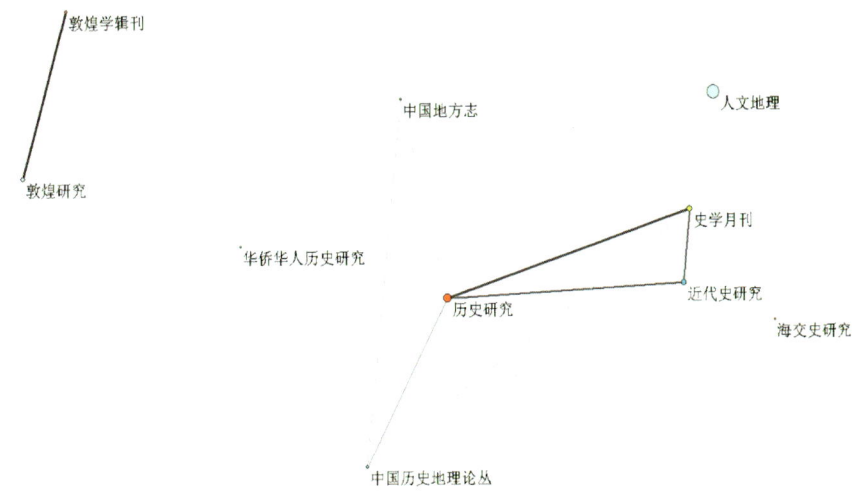

2018年历史学类期刊互引关系示意图

55

表 6-12 2018 年历史学类期刊主要指标

CODE	刊名	核心总被引频次			核心影响因子			综合评价总分		学科扩散指标	学科影响指标	红点指标
		数值	排名	离均差率	数值	排名	离均差率	数值	排名			
S175	敦煌学辑刊	158	7	-0.69	0.070	9	-0.78	20.5	7	9.50	0.40	0.63
S176	敦煌研究	369	5	-0.27	0.080	8	-0.75	21.2	6	14.60	0.50	0.53
S199	海交史研究	63	10	-0.87	0.022	10	-0.93	10.8	9	7.33	0.30	0.15
S215	华侨华人历史研究	91	8	-0.82	0.209	4	-0.35	18.2	8	6.25	0.40	0.13
S228	近代史研究	489	3	-0.03	0.686	2	1.14	45.6	3	17.83	0.60	0.26
S240	历史研究	846	2	0.68	0.449	3	0.40	61.0	2	18.89	0.90	0.35
S617	人文地理	2290	1	3.55	1.295	1	3.03	87.2	1	281.00	0.10	0.15
S278	史学月刊	418	4	-0.17	0.156	5	-0.51	37.7	4	21.33	0.60	0.49
S397	中国地方志	84	9	-0.83	0.091	7	-0.72	4.9	10	7.50	0.20	0.57
S618	中国历史地理论丛	222	6	-0.56	0.149	6	-0.54	36.7	5	13.50	0.60	0.14
	10 种期刊平均值	503			0.321							

考古学

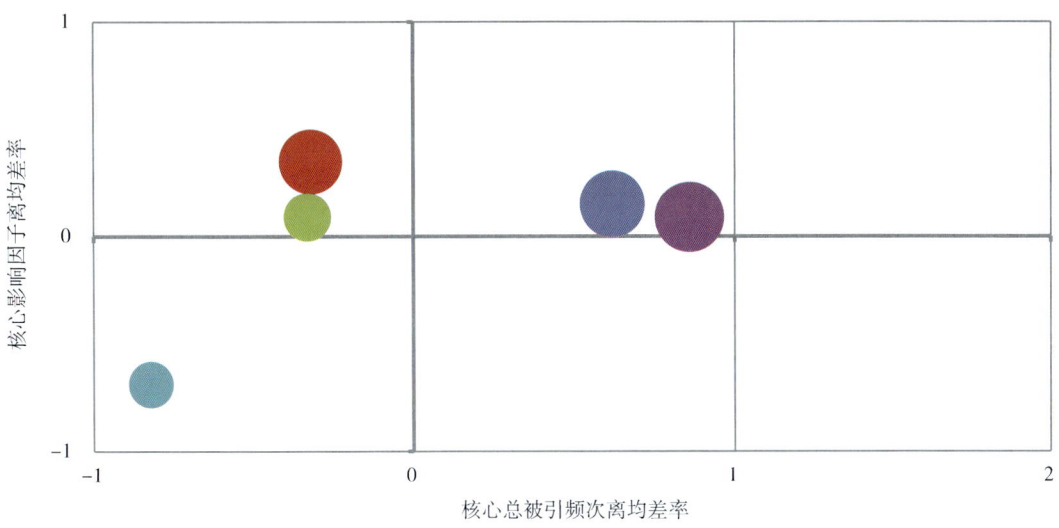

2018年考古学类期刊核心总被引频次和核心影响因子离均差率的分布图（节点大小表示综合评价总分）

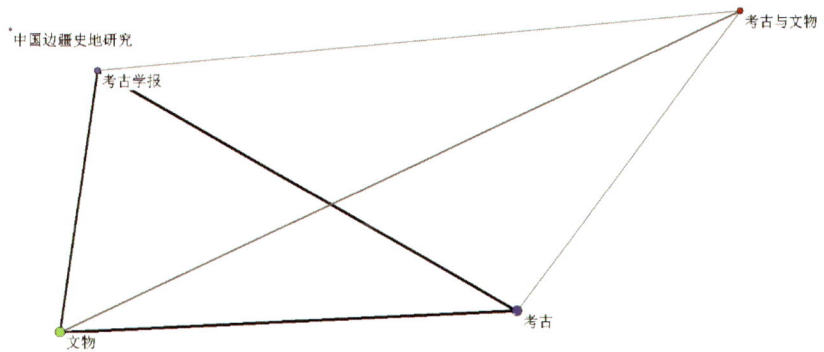

2018年考古学类期刊互引关系示意图

表 6-13　2018 年考古学类期刊主要指标

CODE	刊名	核心总被引频次			核心影响因子			综合评价总分		学科扩散指标	学科影响指标	红点指标
		数值	排名	离均差率	数值	排名	离均差率	数值	排名			
S808	考古	1496	2	0.62	0.378	2	0.15	70.8	2	24.80	1.00	0.65
S809	考古学报	626	3	-0.32	0.444	1	0.35	65.7	3	19.40	1.00	0.60
S810	考古与文物	614	4	-0.33	0.358	3	0.09	36.9	4	18.25	0.80	0.79
S811	文物	1715	1	0.86	0.358	3	0.09	77.7	1	28.00	1.00	1.00
S393	中国边疆史地研究	164	5	-0.82	0.101	5	-0.69	33.8	5	16.33	0.60	0.79
	5 种期刊平均值	923			0.328							

经济学综合

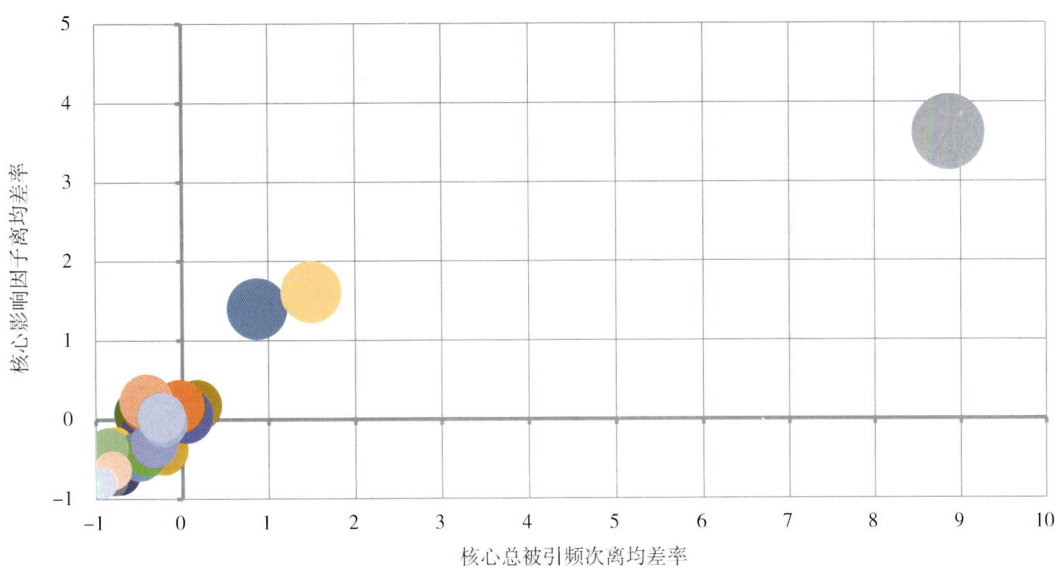

2018年经济学综合类期刊核心总被引频次和核心影响因子离均差率的分布图（节点大小表示综合评价总分）

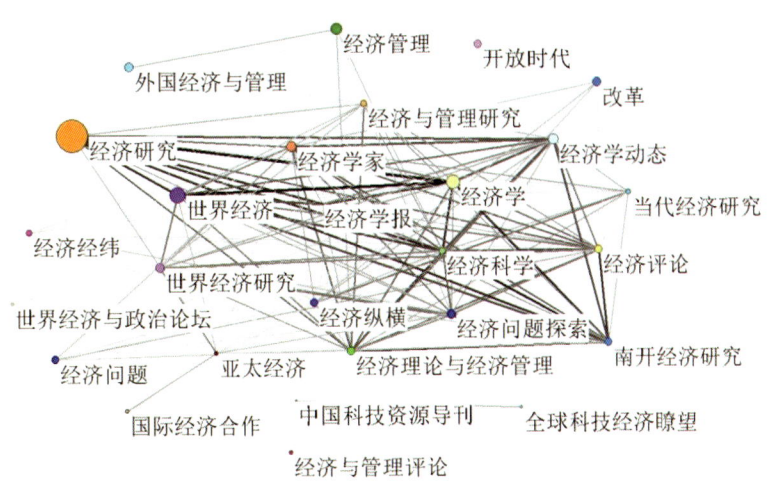

2018年经济学综合类期刊互引关系示意图

59

表 6-14 2018 年经济学综合类期刊主要指标

CODE	刊名	核心总被引频次			核心影响因子			综合评价总分		学科扩散指标	学科影响指标	红点指标
		数值	排名	离均差率	数值	排名	离均差率	数值	排名			
S740	当代经济研究	425	20	-0.73	0.362	24	-0.69	26.5	21	10.31	0.59	0.39
S743	改革	1379	7	-0.11	1.099	12	-0.06	28.6	20	14.24	0.78	0.44
S747	国际经济合作	321	22	-0.79	0.237	26	-0.80	9.5	26	8.87	0.56	0.08
S759	经济管理	1825	4	0.17	1.374	6	0.18	41.6	10	12.73	0.81	0.36
S760	经济经纬	716	19	-0.54	0.693	18	-0.41	31.7	16	12.53	0.63	0.12
S761	经济科学	801	17	-0.49	1.248	8	0.07	44.7	8	8.91	0.85	0.32
S762	经济理论与经济管理	885	16	-0.43	0.954	13	-0.18	41.8	9	10.09	0.85	0.05
S764	经济评论	936	13	-0.40	1.379	5	0.18	47.9	4	10.82	0.81	0.35
S768	经济问题	1025	12	-0.34	0.680	19	-0.42	31.0	18	14.35	0.74	0.68
S769	经济问题探索	1210	9	-0.22	0.720	17	-0.38	39.5	11	15.05	0.74	0.57
S229	经济学	2915	3	0.87	2.800	3	1.40	58.4	3	11.19	0.96	0.36
S282	经济学报	107	27	-0.93	0.594	22	-0.49	29.7	19	5.17	0.44	0.65
S721	经济学动态	1633	5	0.05	1.228	9	0.05	47.1	6	12.67	0.89	0.28
S771	经济学家	1490	6	-0.04	1.366	7	0.17	44.8	7	13.27	0.81	0.61
S772	经济研究	15349	1	8.86	5.384	1	3.62	89.7	1	16.67	1.00	0.83
S230	经济与管理评论	363	21	-0.77	0.815	14	-0.30	17.4	24	7.76	0.63	0.54
S773	经济与管理研究	775	18	-0.50	0.624	21	-0.46	38.8	12	11.36	0.81	0.11
S774	经济纵横	896	15	-0.42	0.660	20	-0.43	31.6	17	15.47	0.63	0.32
S234	开放时代	1039	11	-0.33	0.811	15	-0.30	36.6	14	19.27	0.41	0.12
S777	南开经济研究	905	14	-0.42	1.431	4	0.23	47.4	5	8.12	0.93	0.52
S106	全球科技经济瞭望	171	25	-0.89	0.252	25	-0.78	8.4	27	19.00	0.11	0.23
S785	世界经济	3870	2	1.49	3.042	2	1.61	59.8	2	11.71	0.89	0.27
S787	世界经济研究	1220	8	-0.22	1.121	11	-0.04	35.7	15	9.13	0.85	0.63
S789	世界经济与政治论坛	213	24	-0.86	0.748	16	-0.36	26.4	22	8.62	0.48	0.54
S795	外国经济与管理	1164	10	-0.25	1.205	10	0.03	38.1	13	14.13	0.59	0.32
S799	亚太经济	296	23	-0.81	0.415	23	-0.64	23.0	23	8.27	0.56	0.81
S133	中国科技资源导刊	110	26	-0.93	0.229	27	-0.80	14.8	25	17.67	0.11	0.82
	27 种期刊平均值	1557			1.166							

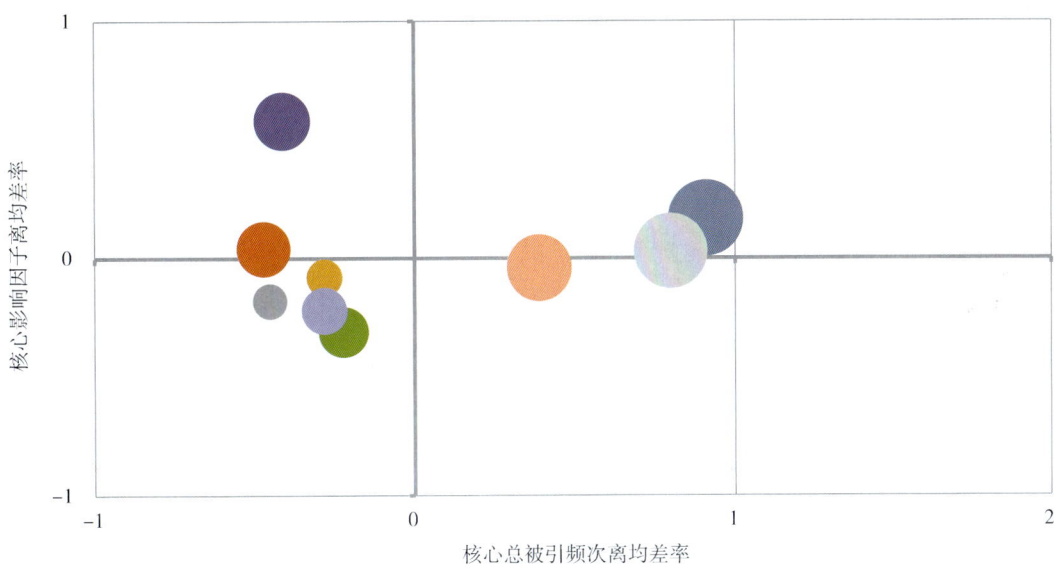

2018年经济大学学报类期刊核心总被引频次和核心影响因子离均差率的分布图（节点大小表示综合评价总分）

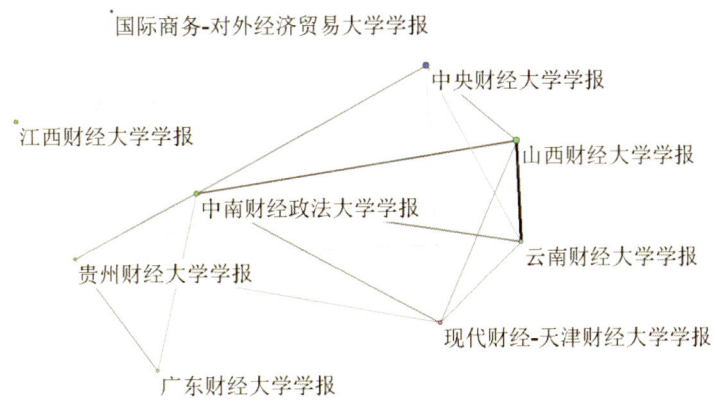

2018年经济大学学报类期刊互引关系示意图

表 6-15 2018 年经济大学学报类期刊主要指标

CODE	刊名	核心总被引频次			核心影响因子			综合评价总分		学科扩散指标	学科影响指标	红点指标
		数值	排名	离均差率	数值	排名	离均差率	数值	排名			
S188	广东财经大学学报	238	7	-0.41	1.088	1	0.58	42.8	4	15.75	0.89	0.81
S190	贵州财经大学学报	212	9	-0.47	0.714	3	0.04	38.9	5	17.00	0.67	0.45
S192	国际商务-对外经济贸易大学学报	220	8	-0.45	0.563	7	-0.18	16.1	9	20.60	0.56	0.62
S220	江西财经大学学报	289	6	-0.28	0.636	6	-0.08	17.2	8	25.33	0.67	0.27
S961	山西财经大学学报	766	1	0.91	0.808	2	0.17	73.7	1	23.67	1.00	0.11
S343	现代财经-天津财经大学学报	314	4	-0.22	0.477	9	-0.31	32.8	6	17.00	0.89	0.14
S372	云南财经大学学报	290	5	-0.28	0.538	8	-0.22	27.5	7	15.50	0.89	0.72
S992	中南财经政法大学学报	559	3	0.39	0.660	5	-0.04	56.5	3	22.56	1.00	0.26
S440	中央财经大学学报	723	2	0.80	0.709	4	0.03	71.6	2	24.44	1.00	0.00
	9 种期刊平均值	401			0.688							

国民经济学、管理经济学、数量经济学

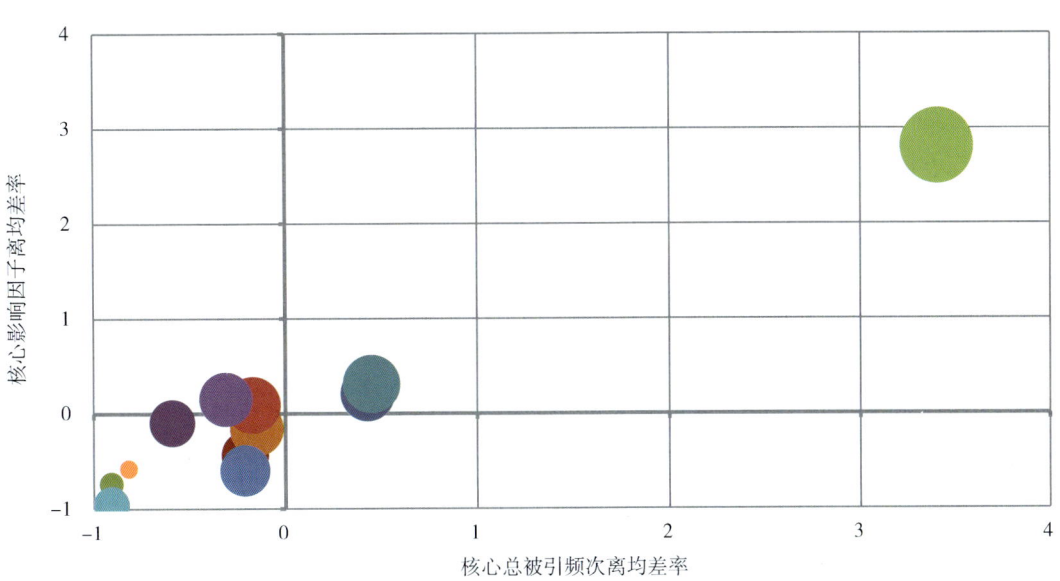

2018年国民经济学、管理经济学、数量经济学类期刊核心总被引频次和核心影响因子离均差率的分布图
（节点大小表示综合评价总分）

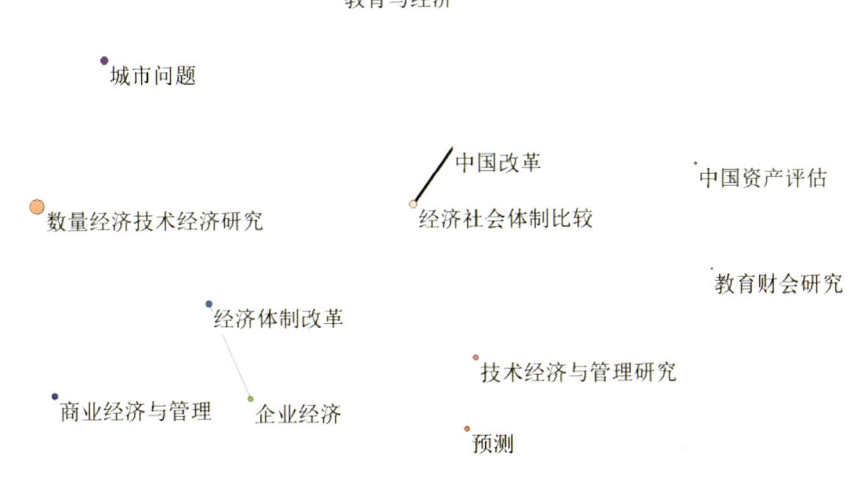

2018年国民经济学、管理经济学、数量经济学类期刊互引关系示意图

表 6-16　2018 年国民经济学、管理经济学、数量经济学类期刊主要指标

CODE	刊名	核心总被引频次			核心影响因子			综合评价总分		学科扩散指标	学科影响指标	红点指标
		数值	排名	离均差率	数值	排名	离均差率	数值	排名			
S737	城市问题	1026	3	0.43	0.694	3	0.21	51.0	4	47.83	0.50	0.46
S719	技术经济与管理研究	565	7	-0.21	0.321	8	-0.44	38.2	8	21.20	0.83	0.34
S223	教育财会研究	67	11	-0.91	0.149	11	-0.74	9.8	11	15.00	0.08	0.50
S683	教育与经济	294	9	-0.59	0.520	6	-0.10	36.3	9	23.25	0.33	0.46
S765	经济社会体制比较	1040	2	0.45	0.754	2	0.31	56.4	2	30.22	0.75	0.46
S767	经济体制改革	613	4	-0.15	0.481	7	-0.16	48.8	5	32.00	0.58	0.48
S639	企业经济	567	6	-0.21	0.230	10	-0.60	42.6	7	37.83	0.50	0.57
S834	商业经济与管理	600	5	-0.17	0.628	5	0.09	53.1	3	26.71	0.58	0.59
S790	数量经济技术经济研究	3162	1	3.40	2.193	1	2.81	95.0	1	37.00	0.75	0.53
S822	预测	496	8	-0.31	0.662	4	0.15	48.4	6	23.86	0.58	0.54
S401	中国改革	67	11	-0.91	0.024	12	-0.96	22.6	10	56.00	0.08	0.50
S807	中国资产评估	131	10	-0.82	0.241	9	-0.58	5.6	12	12.50	0.17	0.50
	12 种期刊平均值	719			0.575							

会计学、审计学

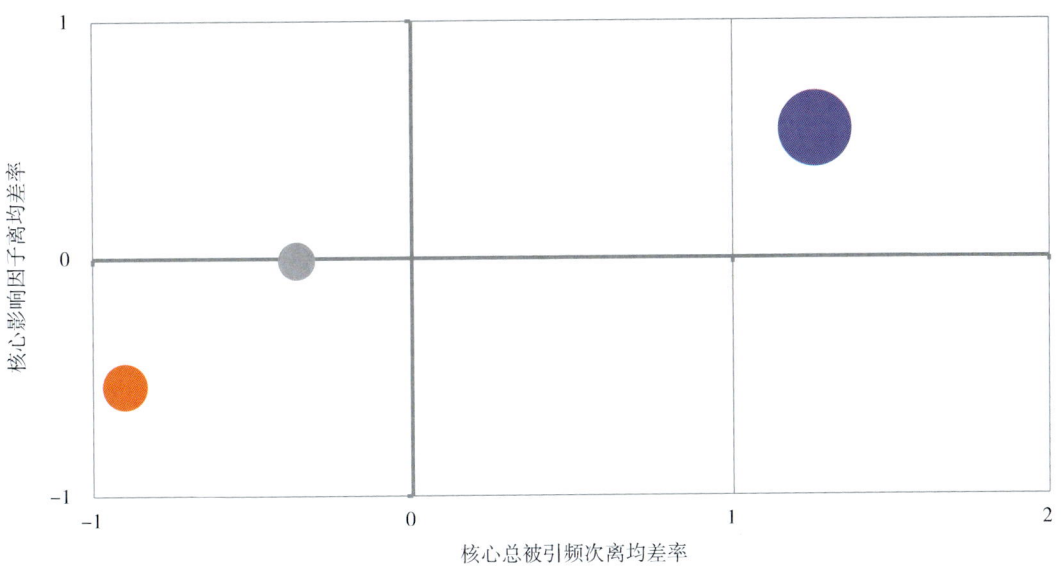

2018年会计学、审计学类期刊核心总被引频次和核心影响因子离均差率的分布图
（节点大小表示综合评价总分）

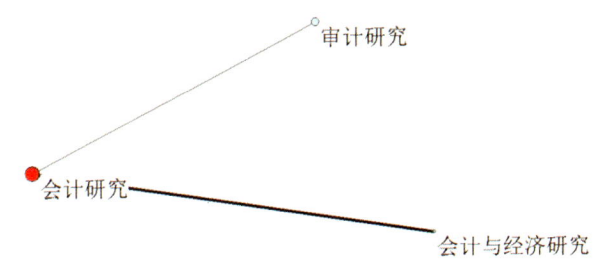

2018年会计学、审计学类期刊互引关系示意图

表 6-17　2018年会计学、审计学类期刊主要指标

CODE	刊名	核心总被引频次			核心影响因子			综合评价总分		学科扩散指标	学科影响指标	红点指标
		数值	排名	离均差率	数值	排名	离均差率	数值	排名			
S756	会计研究	3154	1	1.26	1.611	1	0.54	88.7	1	67.00	1.00	0.77
S217	会计与经济研究	136	3	-0.90	0.485	3	-0.54	32.9	2	18.33	1.00	0.56
S782	审计研究	894	2	-0.36	1.035	2	-0.01	22.2	3	45.33	1.00	0.46
	3种期刊平均值	1395			1.044							

生态农业经济学

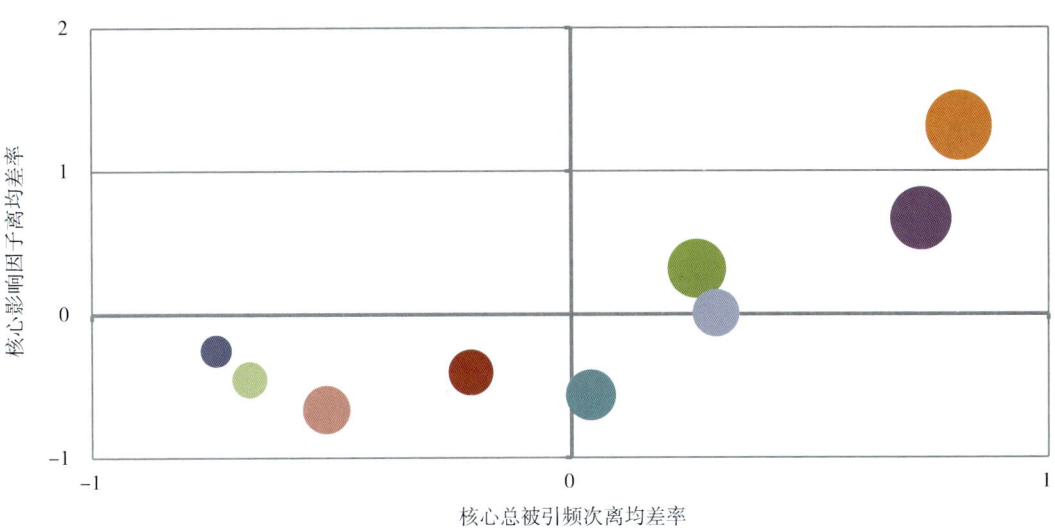

2018年生态农业经济学类期刊核心总被引频次和核心影响因子离均差率的分布图
（节点大小表示综合评价总分）

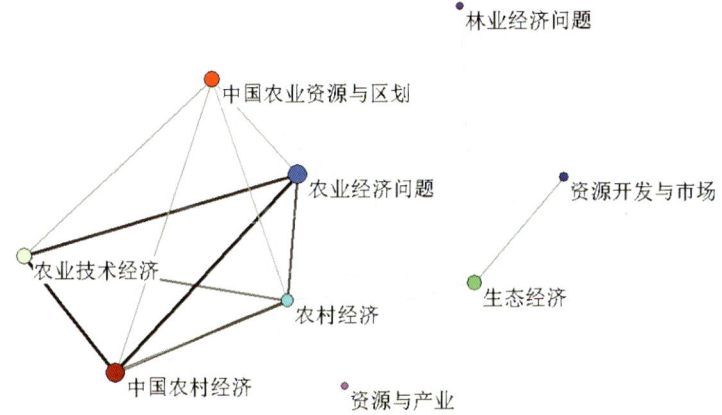

2018年生态农业经济学类期刊互引关系示意图

表 6-18 2018 年生态农业经济学类期刊主要指标

CODE	刊名	核心总被引频次			核心影响因子			综合评价总分		学科扩散指标	学科影响指标	红点指数
		数值	排名	离均差率	数值	排名	离均差率	数值	排名			
S242	林业经济问题	423	9	-0.74	0.897	5	-0.25	18.8	9	10.88	0.89	0.51
S839	农村经济	1266	6	-0.21	0.712	6	-0.40	38.2	7	29.33	1.00	0.43
S778	农业技术经济	2013	4	0.26	1.567	3	0.32	64.5	3	31.11	1.00	0.50
S779	农业经济问题	2762	2	0.73	1.980	2	0.67	72.7	2	43.25	0.89	0.53
S784	生态经济	1659	5	0.04	0.524	8	-0.56	47.4	4	49.38	0.89	0.54
S804	中国农村经济	2889	1	0.81	2.763	1	1.32	90.6	1	36.67	1.00	0.57
H221	中国农业资源与区划	2077	3	0.30	1.202	4	0.01	41.5	6	31.22	1.00	0.53
S728	资源开发与市场	782	7	-0.51	0.403	9	-0.66	43.6	5	48.67	0.67	0.49
S446	资源与产业	521	8	-0.67	0.650	7	-0.45	24.0	8	28.71	0.78	0.81
	9 种期刊平均值	1599			1.189							

工商业经济学

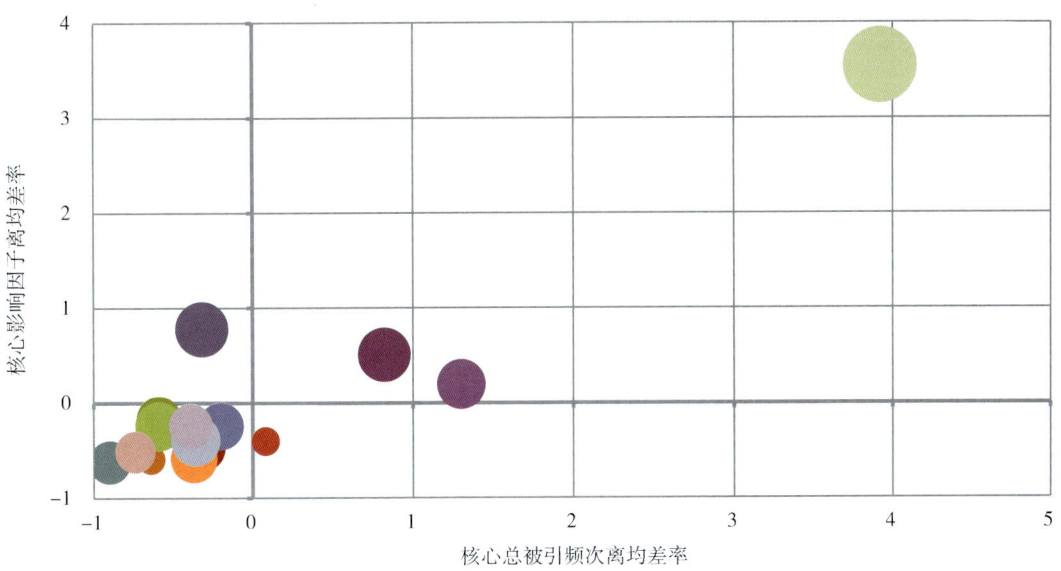

2018年工商业经济学类期刊核心总被引频次和核心影响因子离均差率的分布图
（节点大小表示综合评价总分）

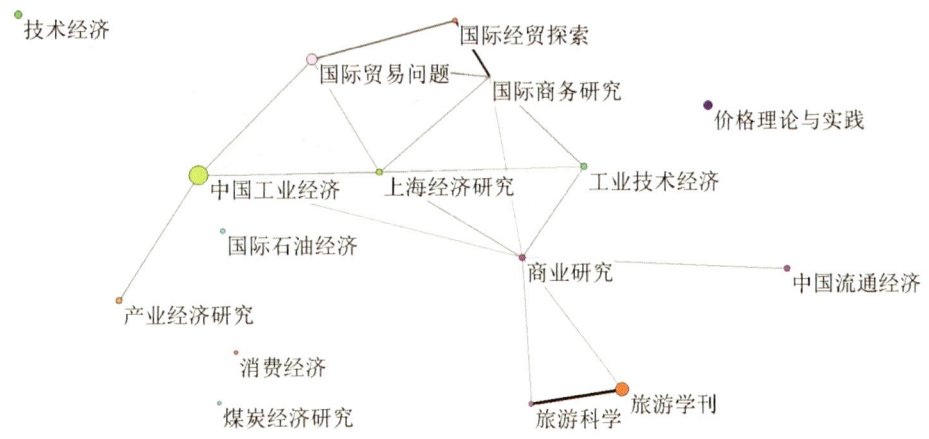

2018年工商业经济学类期刊互引关系示意图

表 6-19 2018 年工商业经济学类期刊主要指标

CODE	刊名	核心总被引频次			核心影响因子			综合评价总分		学科扩散指标	学科影响指标	红点指标
		数值	排名	离均差率	数值	排名	离均差率	数值	排名			
S159	产业经济研究	793	7	-0.32	1.770	2	0.78	50.1	2	14.69	0.81	0.65
J067	工业技术经济	802	6	-0.31	0.523	11	-0.47	33.9	10	19.69	0.81	0.64
S831	国际经贸探索	474	12	-0.59	0.829	5	-0.17	35.4	9	13.18	0.69	0.71
S750	国际贸易问题	2105	3	0.82	1.496	3	0.51	48.7	3	17.36	0.88	0.55
S751	国际商务研究	115	16	-0.90	0.379	16	-0.62	30.7	12	9.00	0.50	0.53
L042	国际石油经济	412	13	-0.64	0.406	14	-0.59	14.2	14	23.40	0.31	0.68
S718	技术经济	924	5	-0.20	0.754	8	-0.24	36.8	8	22.91	0.69	0.43
S832	价格理论与实践	1255	4	0.08	0.593	10	-0.40	13.8	15	20.58	0.75	0.18
S245	旅游科学	479	11	-0.59	0.759	6	-0.24	40.0	6	25.00	0.31	0.62
S616	旅游学刊	2663	2	1.30	1.192	4	0.20	41.2	5	31.75	0.50	0.49
S637	煤炭经济研究	330	14	-0.72	0.394	15	-0.60	3.2	16	26.00	0.19	0.39
S835	商业研究	729	9	-0.37	0.415	13	-0.58	38.3	7	20.58	0.75	0.48
S781	上海经济研究	746	8	-0.36	0.610	9	-0.39	42.7	4	16.00	0.94	0.67
S836	消费经济	300	15	-0.74	0.489	12	-0.51	28.6	13	13.11	0.56	0.76
S800	中国工业经济	5694	1	3.92	4.518	1	3.55	96.2	1	24.80	0.94	0.57
S838	中国流通经济	703	10	-0.39	0.756	7	-0.24	33.1	11	17.82	0.69	0.62
	16 种期刊平均值	1158			0.993							

财政学、金融学、保险学

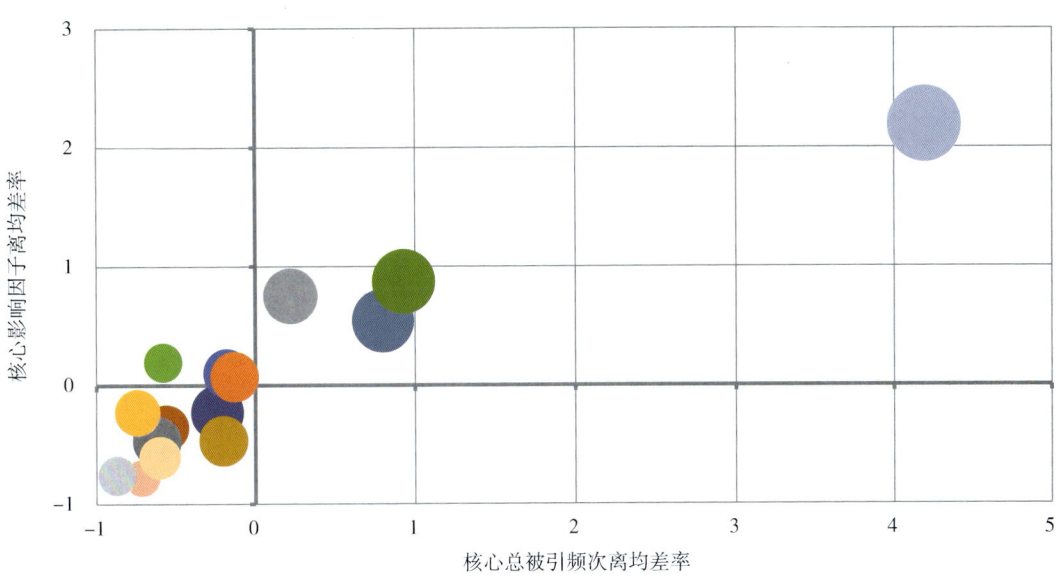

2018年财政学、金融学、保险学类期刊核心总被引频次和核心影响因子离均差率的分布图
（节点大小表示综合评价总分）

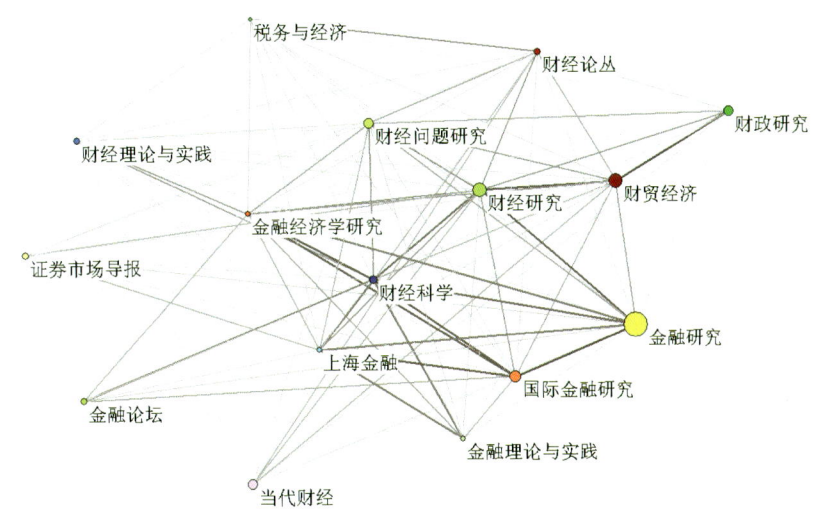

2018年财政学、金融学、保险学类期刊互引关系示意图

表 6-20 2018 年财政学、金融学、保险学类期刊主要指标

CODE	刊名	核心总被引频次			核心影响因子			综合评价总分		学科扩散指标	学科影响指标	红点指标
		数值	排名	离均差率	数值	排名	离均差率	数值	排名			
S731	财经科学	814	8	-0.24	0.732	9	-0.23	47.6	5	14.56	1.00	0.42
S647	财经理论与实践	472	9	-0.56	0.616	10	-0.36	34.0	11	10.87	0.94	0.56
S147	财经论丛	410	12	-0.62	0.509	11	-0.47	39.3	8	10.71	0.88	0.65
S732	财经问题研究	859	7	-0.20	0.502	12	-0.47	40.7	6	15.50	1.00	0.55
S733	财经研究	1936	3	0.80	1.472	4	0.54	64.2	3	16.50	1.00	0.59
S734	财贸经济	2075	2	0.93	1.787	2	0.87	66.4	2	17.13	1.00	0.73
S735	财政研究	887	6	-0.18	1.051	6	0.10	37.9	9	13.81	1.00	0.55
S738	当代财经	940	5	-0.13	1.020	7	0.07	39.6	7	13.50	1.00	0.71
S746	国际金融研究	1313	4	0.22	1.673	3	0.75	49.2	4	10.31	1.00	0.51
S226	金融经济学研究	284	15	-0.74	0.737	8	-0.23	34.5	10	7.27	0.94	0.60
S652	金融理论与实践	313	13	-0.71	0.201	16	-0.79	18.1	16	8.20	0.94	0.43
S227	金融论坛	456	10	-0.58	1.133	5	0.19	24.0	14	7.87	0.94	0.49
S757	金融研究	5595	1	4.19	3.050	1	2.19	91.9	1	16.63	1.00	0.65
S268	上海金融	310	14	-0.71	0.209	15	-0.78	21.1	15	8.53	0.94	0.80
S656	税务与经济	137	16	-0.87	0.228	14	-0.76	24.6	13	8.00	0.63	0.38
S659	证券市场导报	433	11	-0.60	0.371	13	-0.61	28.7	12	9.54	0.81	0.75
	16 种期刊平均值	1077			0.956							

政治学综合

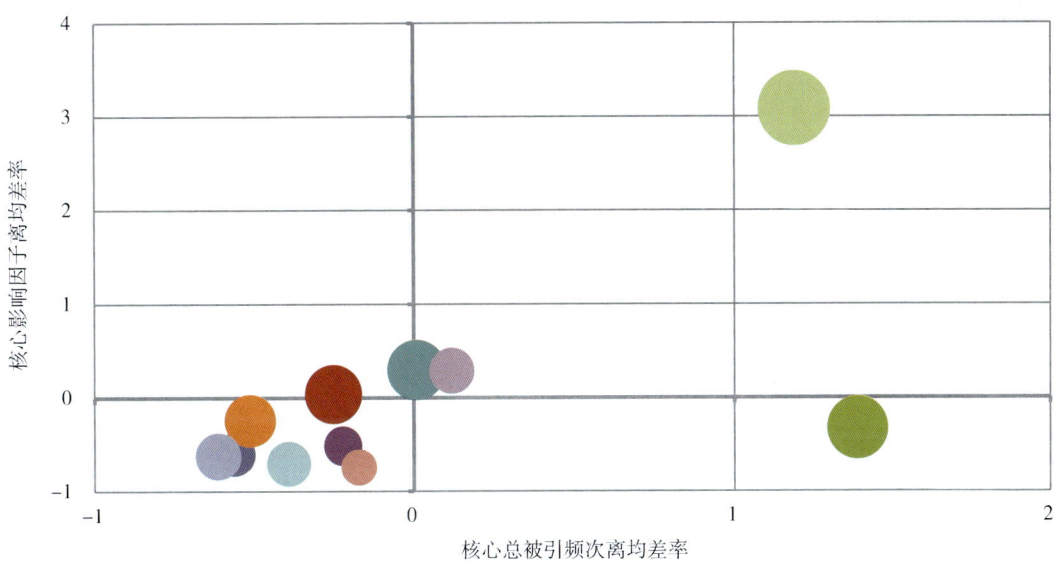

2018年政治学综合类期刊核心总被引频次和核心影响因子离均差率的分布图
（节点大小表示综合评价总分）

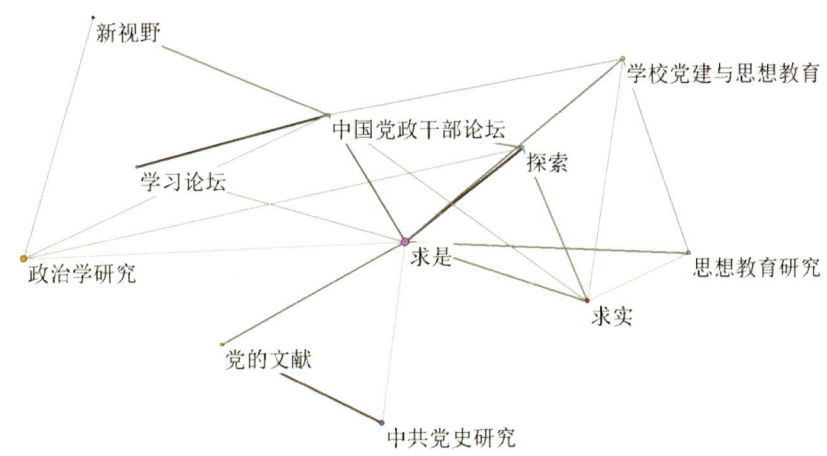

2018年政治学综合类期刊互引关系示意图

表 6-21　2018 年政治学综合类期刊主要指标

CODE	刊名	核心总被引频次			核心影响因子			综合评价总分		学科扩散指标	学科影响指标	红点指标
		数值	排名	离均差率	数值	排名	离均差率	数值	排名			
S167	党的文献	162	10	-0.56	0.152	8	-0.60	27.0	9	12.50	0.55	0.41
S261	求实	276	7	-0.25	0.393	4	0.04	49.6	4	24.67	0.55	0.57
S956	求是	873	1	1.39	0.256	6	-0.32	56.9	2	30.00	0.82	0.72
S290	思想教育研究	286	6	-0.22	0.187	7	-0.51	22.2	10	25.00	0.27	0.61
S297	探索	368	4	0.01	0.492	2	0.30	51.4	3	23.29	0.64	0.36
S350	新视野	179	9	-0.51	0.289	5	-0.24	39.0	5	20.17	0.55	0.44
S361	学习论坛	143	11	-0.61	0.142	9	-0.62	31.8	6	23.50	0.36	0.56
S363	学校党建与思想教育	302	5	-0.17	0.097	11	-0.74	19.1	11	23.33	0.27	0.55
S382	政治学研究	801	2	1.19	1.547	1	3.09	81.1	1	22.63	0.73	0.43
S386	中共党史研究	410	3	0.12	0.488	3	0.29	30.2	7	13.00	0.64	0.09
S396	中国党政干部论坛	224	8	-0.39	0.115	10	-0.70	29.4	8	21.33	0.55	0.72
	11 种期刊平均值	366			0.378							

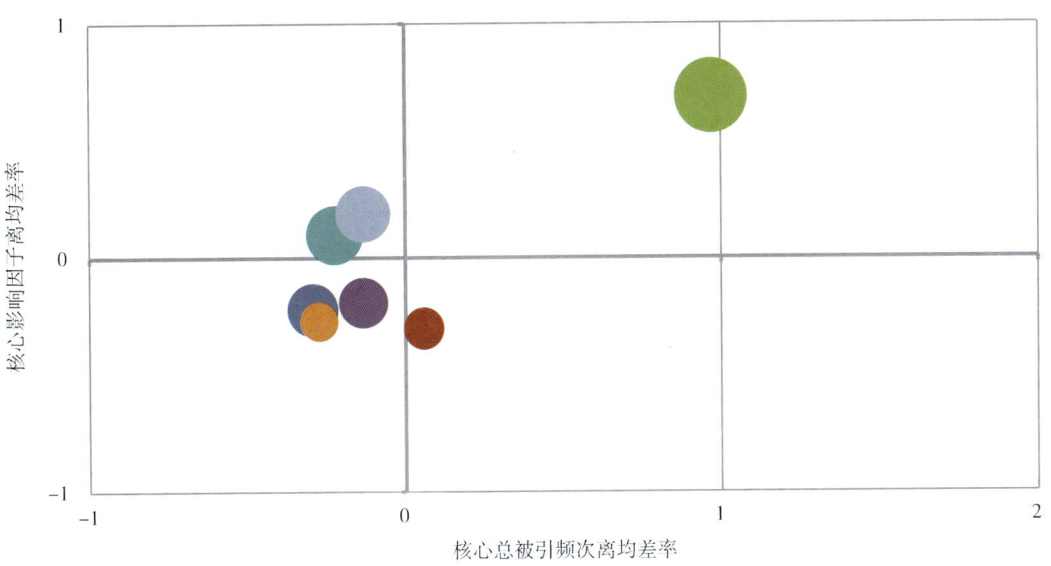

2018年政治大学学报类期刊核心总被引频次和核心影响因子离均差率的分布图
（节点大小表示综合评价总分）

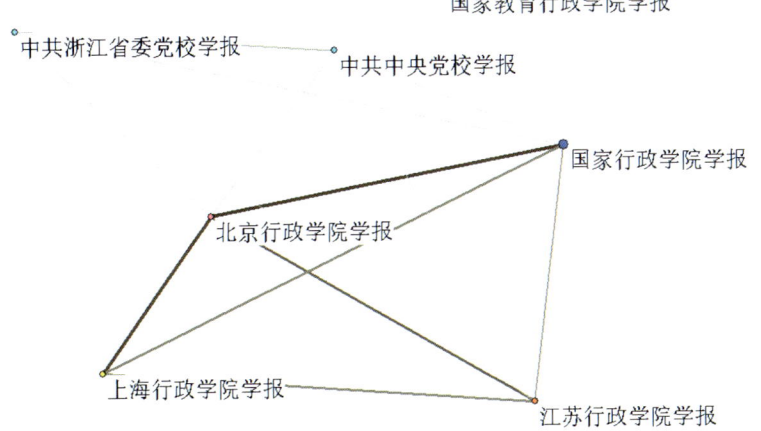

2018年政治大学学报类期刊互引关系示意图

表 6-22　2018 年政治大学学报类期刊主要指标

CODE	刊名	核心总被引频次			核心影响因子			综合评价总分		学科扩散指标	学科影响指标	红点指标
		数值	排名	离均差率	数值	排名	离均差率	数值	排名			
S156	北京行政学院学报	241	7	-0.29	0.402	5	-0.22	39.4	4	21.67	0.86	0.59
S195	国家教育行政学院学报	361	2	0.06	0.359	7	-0.30	24.9	6	118.00	0.14	0.59
S193	国家行政学院学报	670	1	0.97	0.871	1	0.69	79.2	1	42.00	0.86	0.61
S219	江苏行政学院学报	296	4	-0.13	0.419	4	-0.19	35.6	5	30.80	0.71	0.68
S267	上海行政学院学报	264	5	-0.22	0.564	3	0.10	49.0	2	30.20	0.71	0.43
S390	中共浙江省委党校学报	248	6	-0.27	0.374	6	-0.27	21.5	7	18.17	0.86	0.57
S391	中共中央党校学报	297	3	-0.13	0.614	2	0.19	44.9	3	29.40	0.71	0.83
	7 种期刊平均值	340			0.515							

行政学

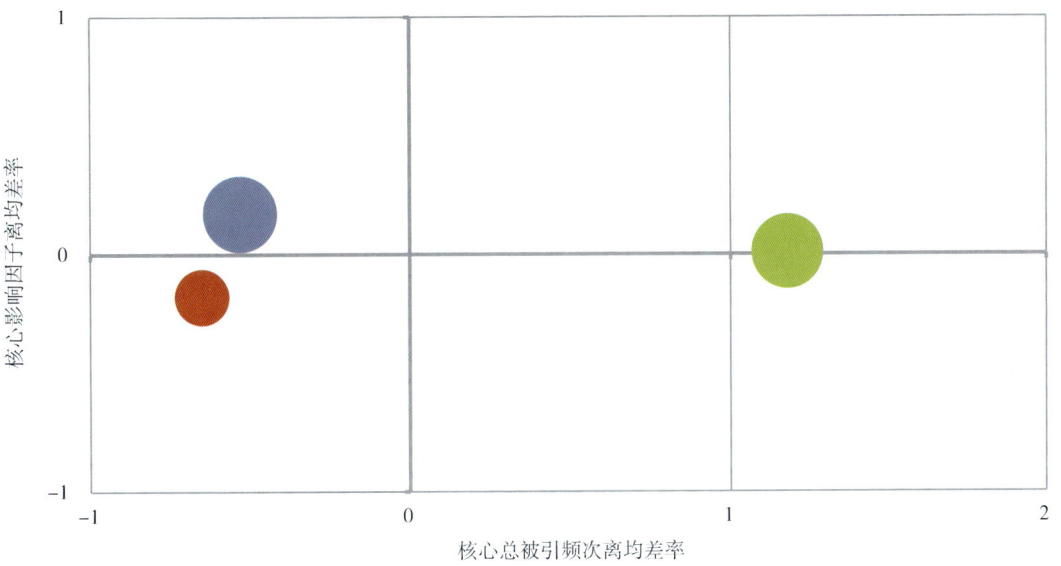

2018年行政学类期刊核心总被引频次和核心影响因子离均差率的分布图
（节点大小表示综合评价总分）

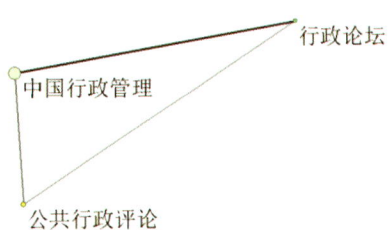

2018年行政学类期刊互引关系示意图

表 6-23　2018 年行政学类期刊主要指标

CODE	刊名	核心总被引频次			核心影响因子			综合评价总分		学科扩散指标	学科影响指标	红点指标
		数值	排名	离均差率	数值	排名	离均差率	数值	排名			
S183	公共行政评论	475	2	-0.53	0.938	1	0.17	51.8	1	52.67	1.00	0.77
S201	行政论坛	350	3	-0.65	0.660	3	-0.18	28.7	3	45.33	1.00	0.57
S405	中国行政管理	2188	1	1.18	0.806	2	0.01	49.7	2	117.00	1.00	0.74
	3 种期刊平均值	1004			0.801							

国际政治学、外交学

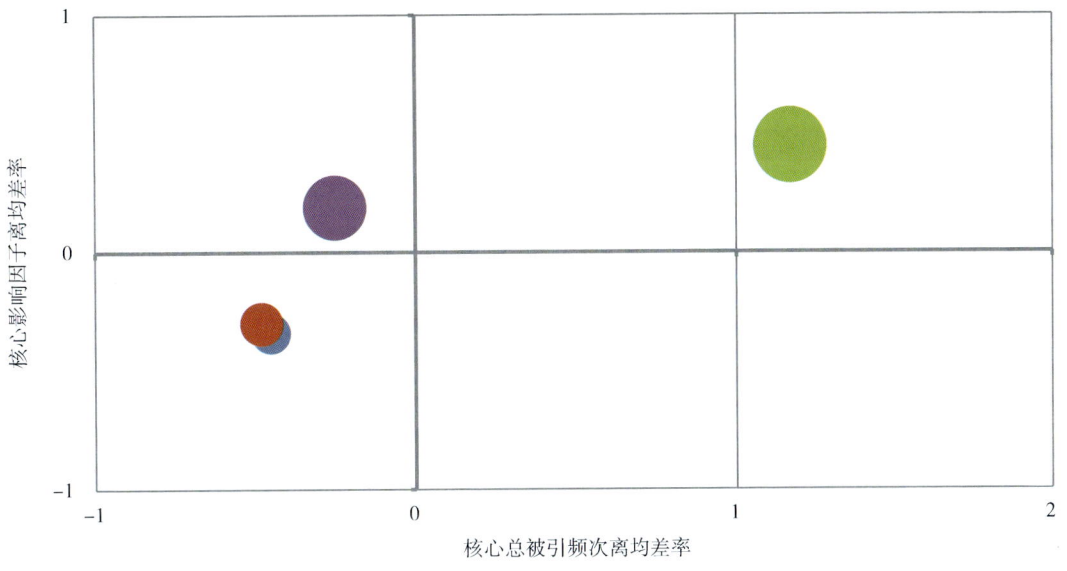

2018年国际政治学、外交学类期刊核心总被引频次和核心影响因子离均差率的分布图
（节点大小表示综合评价总分）

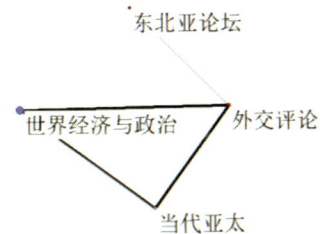

2018年国际政治学、外交学类期刊互引关系示意图

表 6-24　2018 年国际政治学、外交学类期刊主要指标

CODE	刊名	核心总被引频次			核心影响因子			综合评价总分		学科扩散指标	学科影响指标	红点指标
		数值	排名	离均差率	数值	排名	离均差率	数值	排名			
S164	当代亚太	240	3	-0.45	0.632	4	-0.34	18.4	4	14.75	1.00	0.79
S171	东北亚论坛	229	4	-0.48	0.676	3	-0.30	21.5	3	29.67	0.75	0.85
S788	世界经济与政治	950	1	1.17	1.396	1	0.45	64.4	1	47.50	1.00	0.44
S320	外交评论	329	2	-0.25	1.147	2	0.19	47.3	2	24.00	1.00	0.49
	4 种期刊平均值	437			0.963							

法学综合

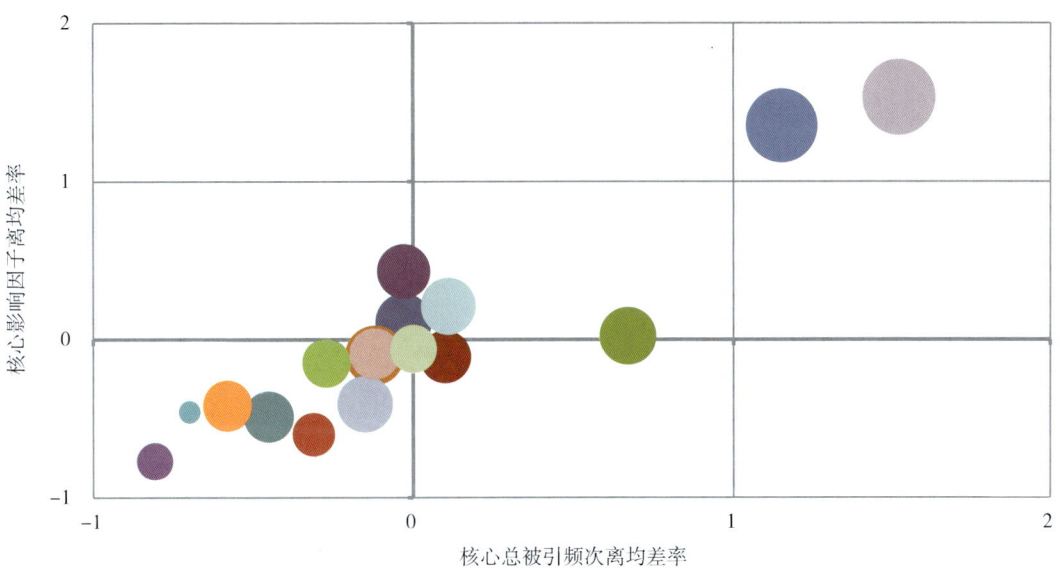

2018年法学综合类期刊核心总被引频次和核心影响因子离均差率的分布图
（节点大小表示综合评价总分）

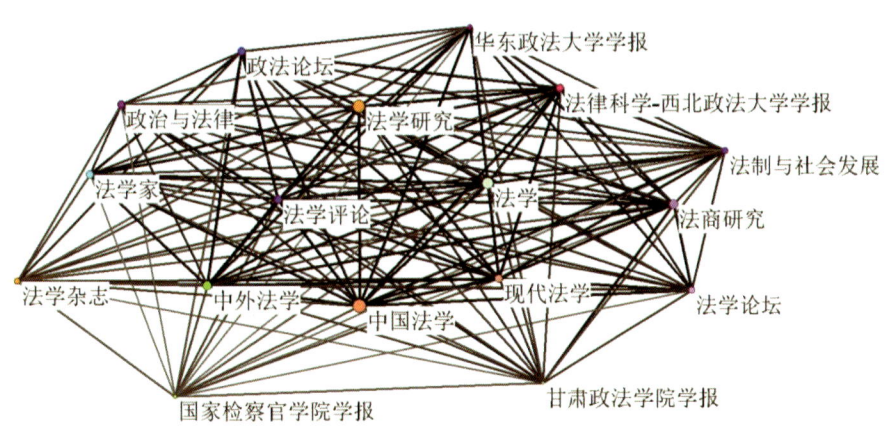

2018年法学综合类期刊互引关系示意图

表 6-25　2018 年法学综合类期刊主要指标

CODE	刊名	核心总被引频次			核心影响因子			综合评价总分		学科扩散指标	学科影响指标	红点指标
		数值	排名	离均差率	数值	排名	离均差率	数值	排名			
S621	法律科学-西北政法大学学报	1068	7	-0.03	1.398	5	0.11	48.7	5	8.71	1.00	0.74
S622	法商研究	1201	5	0.10	1.126	10	-0.11	41.5	9	9.18	1.00	0.61
S623	法学	1831	3	0.67	1.291	6	0.02	49.7	4	11.88	1.00	0.35
S624	法学家	1066	8	-0.03	1.808	3	0.43	43.7	8	8.76	1.00	0.59
S178	法学论坛	602	14	-0.45	0.646	15	-0.49	38.4	12	8.41	1.00	0.51
S625	法学评论	963	10	-0.12	1.132	9	-0.10	52.4	3	9.29	1.00	0.43
S626	法学研究	2358	2	1.15	2.970	2	1.35	80.7	2	11.18	1.00	0.53
S319	法学杂志	755	13	-0.31	0.507	16	-0.60	27.9	15	10.65	1.00	0.75
S627	法制与社会发展	802	12	-0.27	1.079	11	-0.15	35.6	13	7.94	1.00	0.58
S181	甘肃政法学院学报	206	17	-0.81	0.285	17	-0.77	20.8	16	4.65	1.00	0.71
S194	国家检察官学院学报	333	16	-0.70	0.677	14	-0.46	7.6	17	3.76	1.00	0.54
S214	华东政法大学学报	464	15	-0.58	0.727	13	-0.42	38.5	10	6.53	1.00	0.68
S630	现代法学	933	11	-0.15	0.749	12	-0.41	46.9	7	9.59	1.00	0.68
S619	政法论坛	967	9	-0.12	1.143	8	-0.09	38.5	10	9.29	1.00	0.51
S383	政治与法律	1101	6	0.00	1.185	7	-0.06	34.3	14	9.18	1.00	0.66
S633	中国法学	2764	1	1.52	3.199	1	1.53	85.6	1	13.24	1.00	0.53
S634	中外法学	1216	4	0.11	1.532	4	0.21	47.3	6	8.12	1.00	1.00
	17 种期刊平均值	1096			1.262							

部门法学、刑事侦查学、司法鉴定学

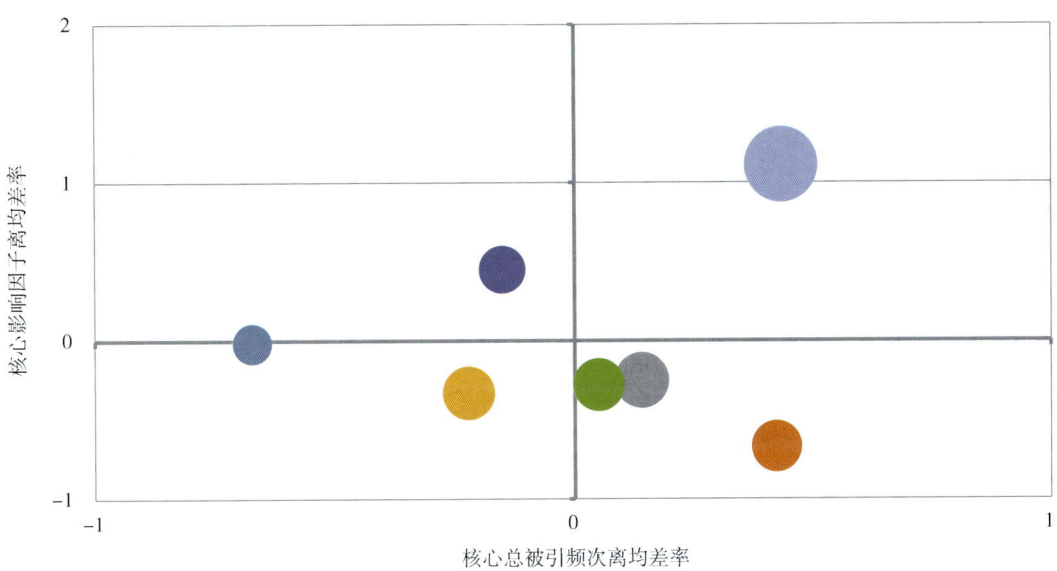

2018年部门法学、刑事侦查学、司法鉴定学类期刊核心总被引频次和核心影响因子离均差率的分布图
（节点大小表示综合评价总分）

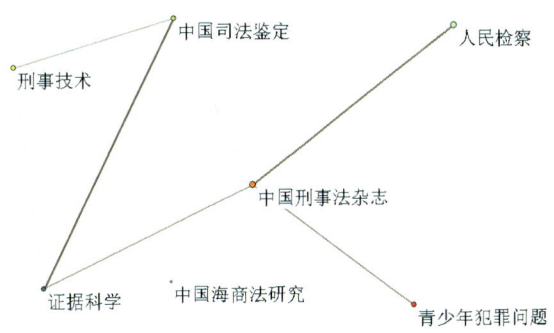

2018年部门法学、刑事侦查学、司法鉴定学类期刊互引关系示意图

表 6-26　2018年部门法学、刑事侦查学、司法鉴定学类期刊主要指标

CODE	刊名	核心总被引频次			核心影响因子			综合评价总分		学科扩散指标	学科影响指标	红点指标
		数值	排名	离均差率	数值	排名	离均差率	数值	排名			
S260	青少年犯罪问题	270	5	-0.15	0.623	2	0.45	37.4	6	18.00	0.29	0.79
S628	人民检察	452	2	0.42	0.141	7	-0.67	44.9	5	13.40	0.71	0.46
S582	刑事技术	363	3	0.14	0.321	4	-0.25	51.4	2	30.33	0.43	0.75
G352	证据科学	247	6	-0.22	0.290	6	-0.33	47.3	3	10.83	0.86	0.83
S404	中国海商法研究	105	7	-0.67	0.421	3	-0.02	26.8	7	24.00	0.14	0.39
S587	中国司法鉴定	333	4	0.05	0.308	5	-0.28	46.1	4	12.40	0.71	0.34
S428	中国刑事法杂志	454	1	0.43	0.908	1	1.11	95.8	1	16.20	0.71	0.54
	7种期刊平均值	318			0.430							

军事学

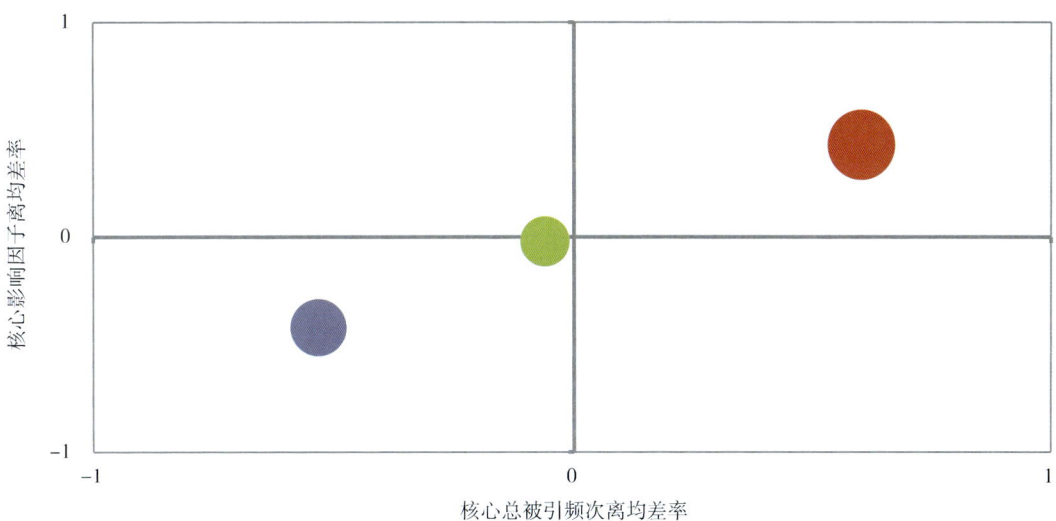

2018年军事学类期刊核心总被引频次和核心影响因子离均差率的分布图（节点大小表示综合评价总分）

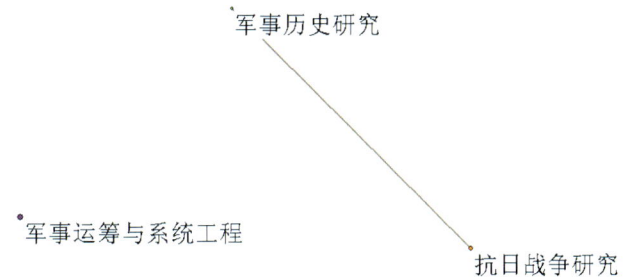

2018年军事学类期刊互引关系示意图

表 6-27　2018 年军事学类期刊主要指标

CODE	刊名	核心总被引频次			核心影响因子			综合评价总分		学科扩散指标	学科影响指标	红点指标
		数值	排名	离均差率	数值	排名	离均差率	数值	排名			
S231	军事历史研究	73	3	-0.53	0.173	3	-0.42	48.0	2	15.50	0.67	0.63
S232	军事运筹与系统工程	249	1	0.60	0.429	1	0.43	72.3	1	69.00	0.33	0.22
S235	抗日战争研究	147	2	-0.06	0.294	2	-0.02	36.7	3	22.00	0.67	0.65
	3 种期刊平均值	156			0.299							

社会学综合

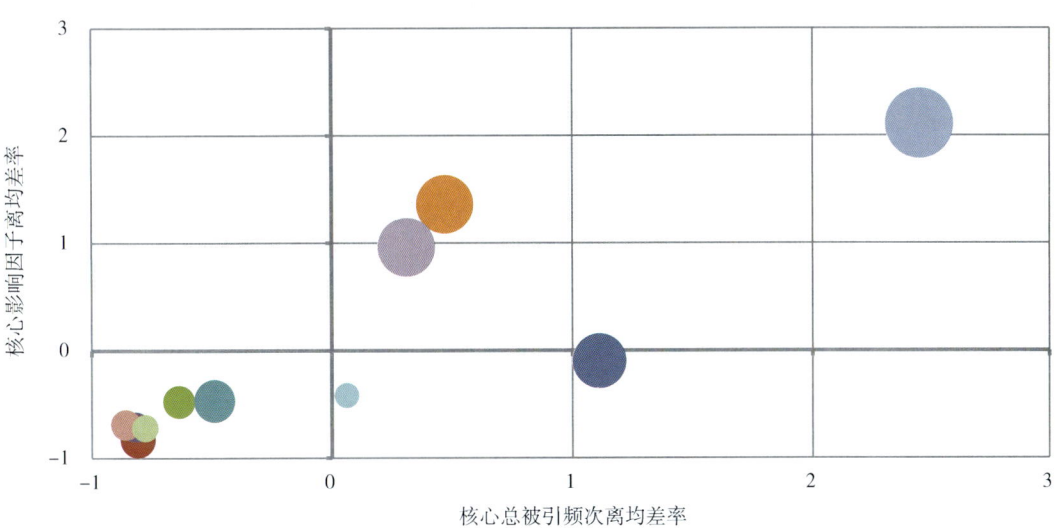

2018年社会学综合类期刊核心总被引频次和核心影响因子离均差率的分布图
（节点大小表示综合评价总分）

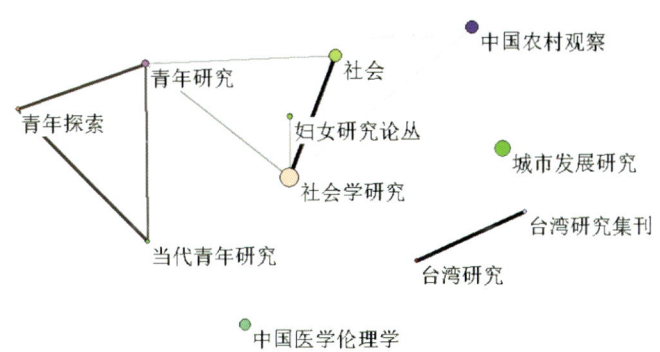

2018年社会学综合类期刊互引关系示意图

表 6-28　2018 年社会学综合类期刊主要指标

CODE	刊名	核心总被引频次			核心影响因子			综合评价总分		学科扩散指标	学科影响指标	红点指标
		数值	排名	离均差率	数值	排名	离均差率	数值	排名			
S736	城市发展研究	1813	2	1.11	0.790	4	-0.10	55.7	4	112.00	0.27	0.76
S161	当代青年研究	167	9	-0.81	0.151	11	-0.83	23.5	6	12.83	0.55	0.52
S852	妇女研究论丛	306	7	-0.64	0.455	7	-0.48	19.8	7	12.00	0.73	0.61
S258	青年探索	157	10	-0.82	0.252	9	-0.71	16.6	9	9.80	0.45	0.60
S259	青年研究	436	6	-0.49	0.471	6	-0.47	33.6	5	19.57	0.64	0.65
S270	社会	1264	3	0.47	2.075	2	1.36	63.8	2	26.89	0.82	0.35
S867	社会学研究	2965	1	2.45	2.736	1	2.11	91.3	1	35.10	0.91	0.66
S295	台湾研究	124	11	-0.86	0.269	8	-0.69	17.0	8	7.25	0.36	0.46
S296	台湾研究集刊	186	8	-0.78	0.245	10	-0.72	13.3	10	11.00	0.36	0.59
S803	中国农村观察	1129	4	0.31	1.731	3	0.96	63.8	2	36.14	0.64	0.45
G911	中国医学伦理学	913	5	0.06	0.515	5	-0.42	11.8	11	180.00	0.09	0.44
	11 种期刊平均值	860			0.881							

人口学、劳动科学

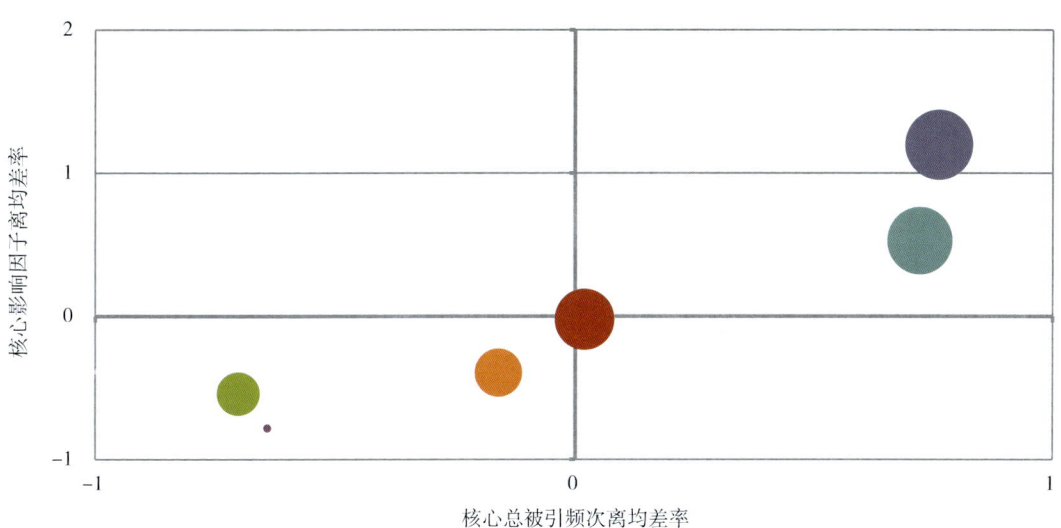

2018年人口学、劳动科学类期刊核心总被引频次和核心影响因子离均差率的分布图
（节点大小表示综合评价总分）

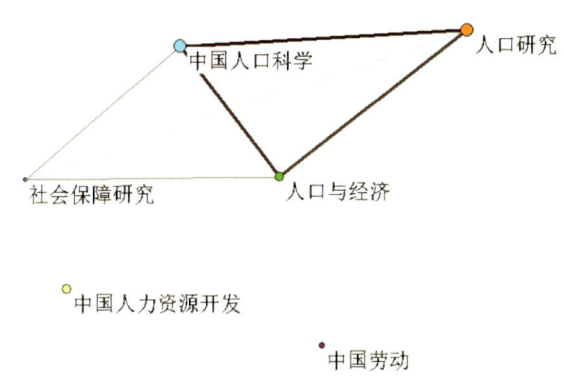

2018年人口学、劳动科学类期刊互引关系示意图

表 6-29　2018 年人口学、劳动科学类期刊主要指标

CODE	刊名	核心总被引频次			核心影响因子			综合评价总分		学科扩散指标	学科影响指标	红点指标
		数值	排名	离均差率	数值	排名	离均差率	数值	排名			
S860	人口研究	1368	1	0.76	2.243	1	1.20	87.0	1	51.83	1.00	0.59
S862	人口与经济	790	3	0.02	0.993	3	-0.02	65.4	3	42.67	1.00	0.58
S271	社会保障研究	229	6	-0.70	0.472	5	-0.54	33.9	5	18.33	1.00	0.62
S410	中国劳动	282	5	-0.64	0.225	6	-0.78	1.2	6	11.20	0.83	0.43
S874	中国人口科学	1336	2	0.72	1.554	2	0.53	79.6	2	45.50	1.00	0.58
S419	中国人力资源开发	651	4	-0.16	0.620	4	-0.39	41.0	4	30.80	0.83	0.66
	6 种期刊平均值	776			1.018							

民族学与文化学

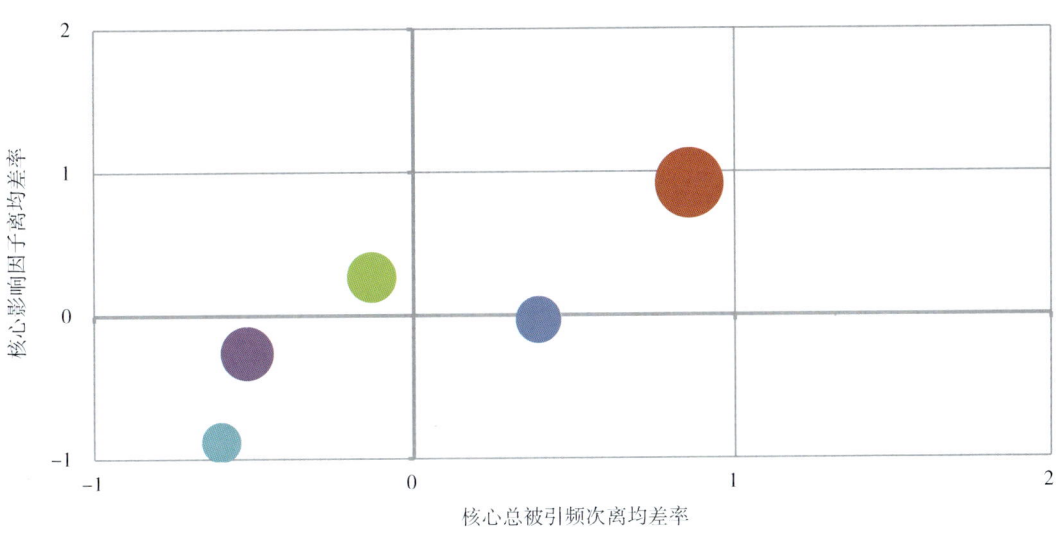

2018年民族学与文化学类期刊核心总被引频次和核心影响因子离均差率的分布图
（节点大小表示综合评价总分）

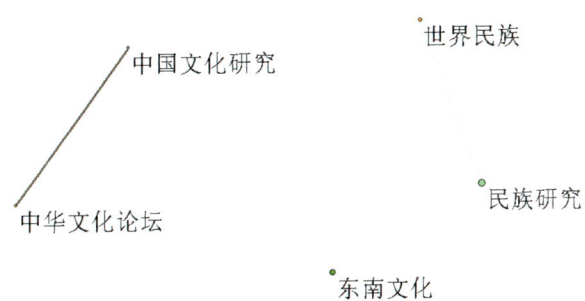

2018年民族学与文化学类期刊互引关系示意图

表 6-30　2018年民族学与文化学类期刊主要指标

CODE	刊名	核心总被引频次			核心影响因子			综合评价总分		学科扩散指标	学科影响指标	红点指标
		数值	排名	离均差率	数值	排名	离均差率	数值	排名			
S173	东南文化	327	2	0.39	0.185	3	-0.03	37.5	4	28.67	0.60	0.74
S252	民族研究	437	1	0.86	0.366	1	0.92	84.6	1	39.00	0.60	0.70
S285	世界民族	205	3	-0.13	0.242	2	0.27	44.1	3	26.00	0.40	0.36
S426	中国文化研究	112	4	-0.52	0.142	4	-0.26	50.3	2	35.00	0.40	0.27
S435	中华文化论坛	95	5	-0.60	0.022	5	-0.88	27.9	5	22.33	0.60	0.93
	5种期刊平均值	235			0.191							

新闻学与传播学

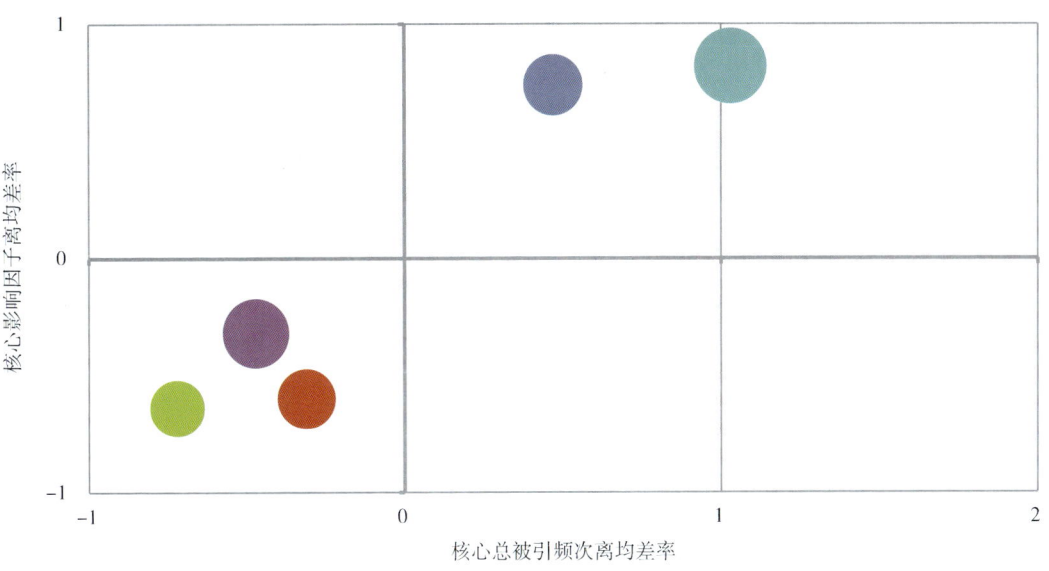

2018年新闻学与传播学类期刊核心总被引频次和核心影响因子离均差率的分布图
（节点大小表示综合评价总分）

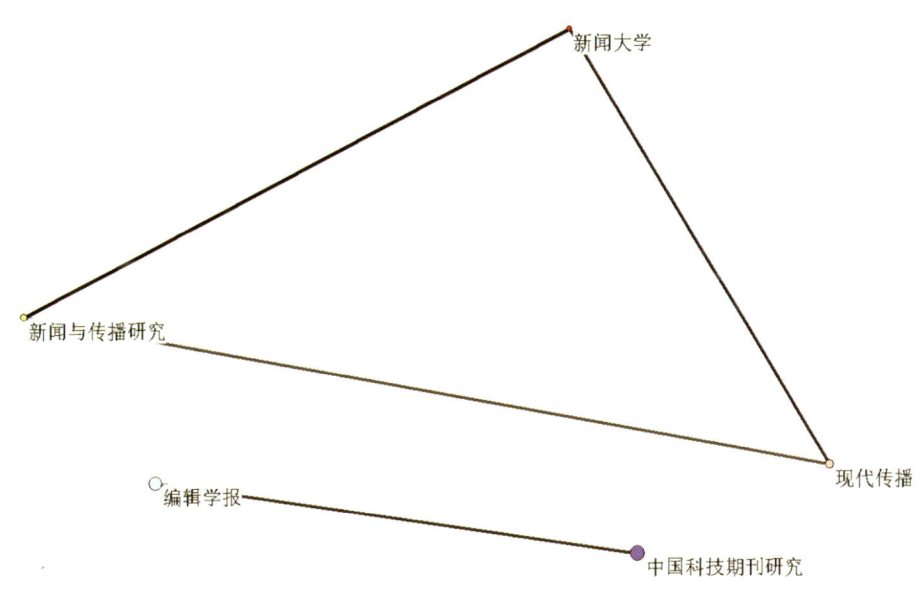

2018年新闻学与传播学类期刊互引关系示意图

表 6-31 2018 年新闻学与传播学类期刊主要指标

CODE	刊名	核心总被引频次			核心影响因子			综合评价总分		学科扩散指标	学科影响指标	红点指标
		数值	排名	离均差率	数值	排名	离均差率	数值	排名			
A570	编辑学报	1455	2	0.47	1.422	2	0.74	42.3	3	61.50	0.40	0.43
S906	现代传播	677	3	−0.31	0.324	4	−0.60	40.6	4	29.40	1.00	0.62
S907	新闻大学	276	5	−0.72	0.295	5	−0.64	35.9	5	16.75	0.80	0.56
S909	新闻与传播研究	528	4	−0.47	0.553	3	−0.32	54.3	2	37.67	0.60	0.76
A583	中国科技期刊研究	2005	1	1.03	1.488	1	0.82	64.3	1	78.50	0.40	0.69
	5 种期刊平均值	988			0.816							

图书馆学、文献学

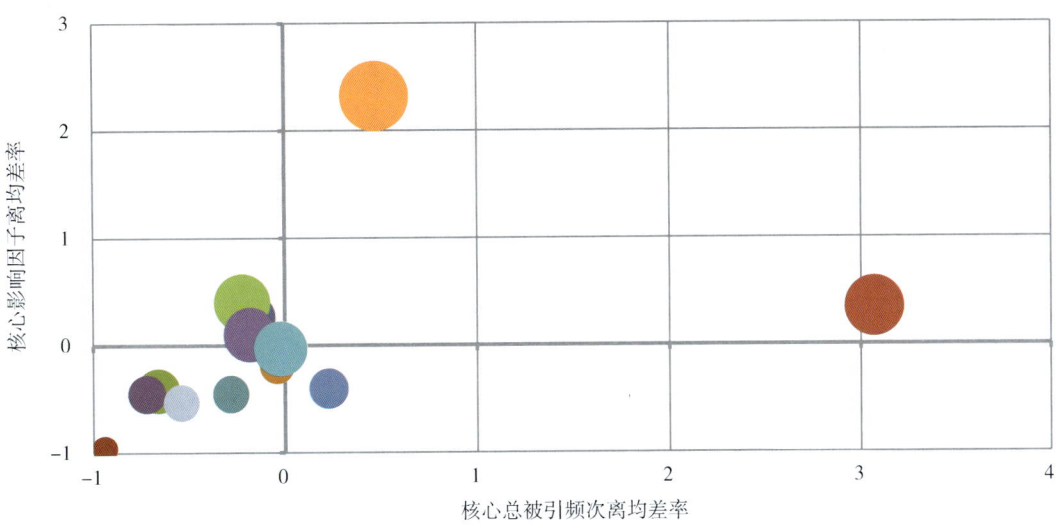

2018年图书馆学、文献学类期刊核心总被引频次和核心影响因子离均差率的分布图
（节点大小表示综合评价总分）

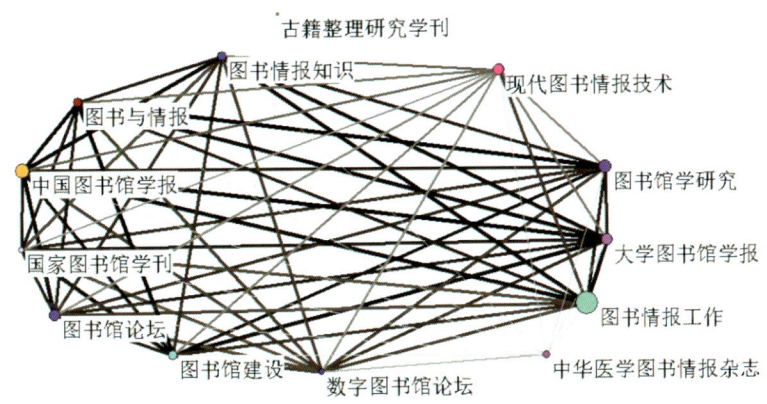

2018年图书馆学、文献学类期刊互引关系示意图

表 6-32　2018 年图书馆学、文献学类期刊主要指标

CODE	刊名	核心总被引频次			核心影响因子			综合评价总分		学科扩散指标	学科影响指标	红点指标
		数值	排名	离均差率	数值	排名	离均差率	数值	排名			
S892	大学图书馆学报	832	6	-0.17	1.272	4	0.26	35.2	6	6.50	0.92	0.98
S185	古籍整理研究学刊	60	13	-0.94	0.043	13	-0.96	10.6	13	16.50	0.15	0.51
S197	国家图书馆学刊	345	11	-0.66	0.581	9	-0.42	29.2	7	4.00	0.92	0.31
W022	数字图书馆论坛	282	12	-0.72	0.554	10	-0.45	21.4	9	5.18	0.85	0.63
S895	图书馆建设	722	9	-0.28	0.554	10	-0.45	20.8	10	4.92	0.92	0.44
S897	图书馆论坛	969	5	-0.04	0.814	7	-0.19	18.9	12	6.67	0.92	0.53
S308	图书馆学研究	1234	3	0.23	0.605	8	-0.40	23.8	8	9.33	0.92	0.13
S899	图书情报工作	4092	1	3.07	1.362	3	0.35	55.7	2	23.85	1.00	0.49
S900	图书情报知识	782	8	-0.22	1.406	2	0.40	49.6	3	11.25	0.92	0.65
S901	图书与情报	820	7	-0.18	1.106	5	0.10	43.7	5	8.42	0.92	0.98
S850	现代图书情报技术	985	4	-0.02	0.977	6	-0.03	44.6	4	14.92	0.92	0.67
S902	中国图书馆学报	1478	2	0.47	3.340	1	2.32	73.1	1	11.17	0.92	0.85
G915	中华医学图书情报杂志	466	10	-0.54	0.470	12	-0.53	20.2	11	11.50	0.92	0.62
	13 种期刊平均值	1005			1.006							

情报学

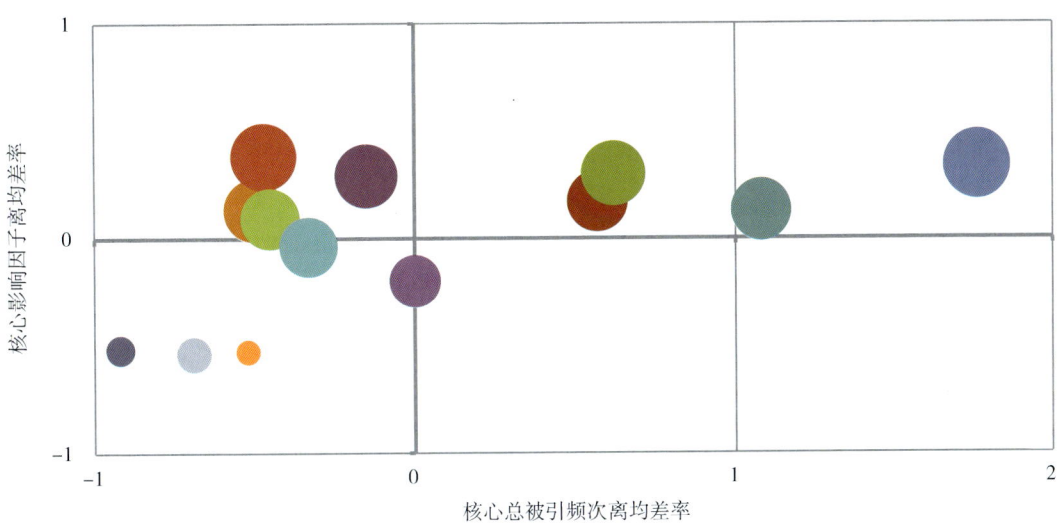

2018年情报学类期刊核心总被引频次和核心影响因子离均差率的分布图
（节点大小表示综合评价总分）

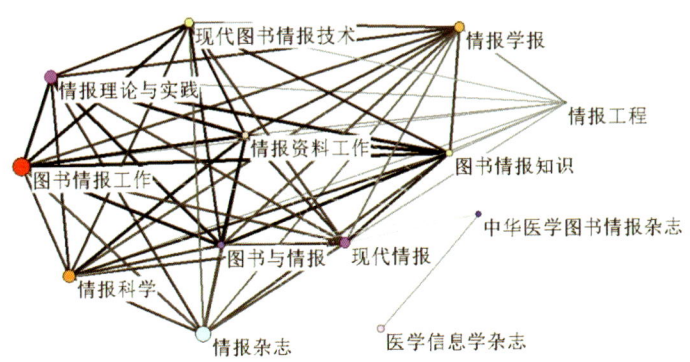

2018年情报学类期刊互引关系示意图

表 6-33 2018年情报学类期刊主要指标

CODE	刊名	核心总被引频次			核心影响因子			综合评价总分		学科扩散指标	学科影响指标	红点指标
		数值	排名	离均差率	数值	排名	离均差率	数值	排名			
S844	情报工程	117	13	-0.92	0.490	11	-0.52	12.9	12	4.40	0.77	0.36
S846	情报科学	2321	4	0.57	1.189	5	0.17	53.2	7	24.69	1.00	0.37
S847	情报理论与实践	2404	3	0.62	1.317	3	0.30	60.0	3	19.54	1.00	0.87
W020	情报学报	1263	6	-0.15	1.312	4	0.29	58.3	4	13.38	1.00	0.47
S848	情报杂志	3074	2	1.08	1.152	6	0.13	55.1	6	28.38	1.00	0.78
S849	情报资料工作	736	10	-0.50	1.149	7	0.13	55.8	5	7.46	1.00	0.40
S899	图书情报工作	4092	1	1.76	1.362	2	0.34	70.1	1	23.85	1.00	0.45
S900	图书情报知识	782	9	-0.47	1.406	1	0.38	64.9	2	10.38	1.00	0.55
S901	图书与情报	820	8	-0.45	1.106	8	0.09	52.2	8	7.77	1.00	0.31
S309	现代情报	1487	5	0.00	0.809	10	-0.20	38.9	10	20.69	1.00	0.50
S850	现代图书情报技术	985	7	-0.33	0.977	9	-0.04	50.7	9	13.77	1.00	0.57
G865	医学信息学杂志	708	11	-0.52	0.474	12	-0.53	8.7	13	14.36	0.85	0.69
G915	中华医学图书情报杂志	466	12	-0.69	0.470	13	-0.54	17.9	11	10.62	1.00	0.54
	13种期刊平均值	1481			1.016							

档案学、博物馆学

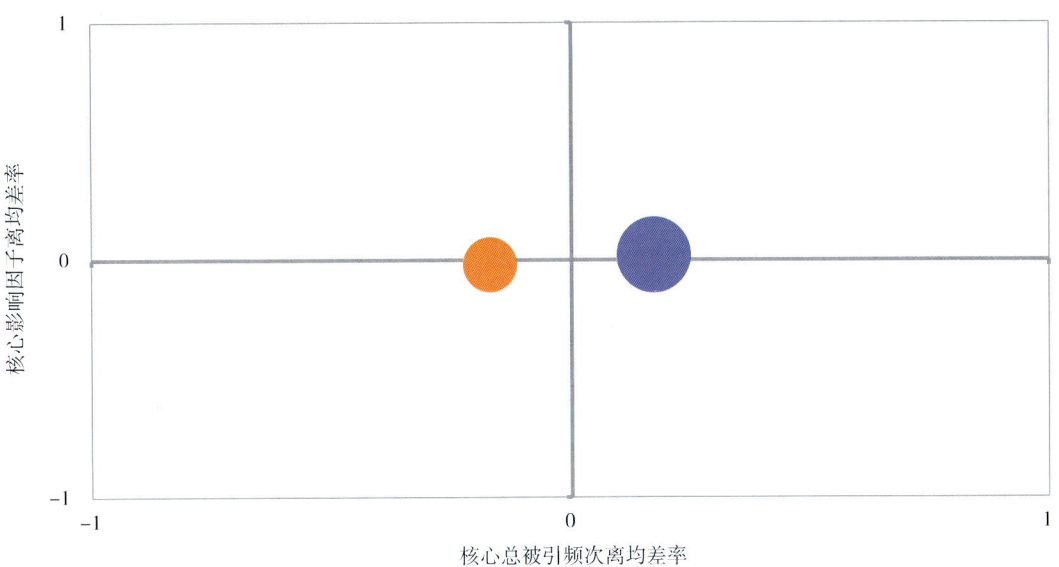

2018年档案学、博物馆学类期刊核心总被引频次和核心影响因子离均差率的分布图
（节点大小表示综合评价总分）

2018年档案学、博物馆学类期刊互引关系示意图

表 6-34　2018 年档案学、博物馆学类期刊主要指标

CODE	刊名	核心总被引频次			核心影响因子			综合评价总分		学科扩散指标	学科影响指标	红点指标
		数值	排名	离均差率	数值	排名	离均差率	数值	排名			
S608	档案学通讯	533	1	0.17	0.527	1	0.02	72.0	1	20.00	1.00	0.72
S609	档案学研究	381	2	-0.17	0.507	2	-0.02	38.0	2	20.00	1.00	0.71
	2 种期刊平均值	457			0.517							

教育学综合

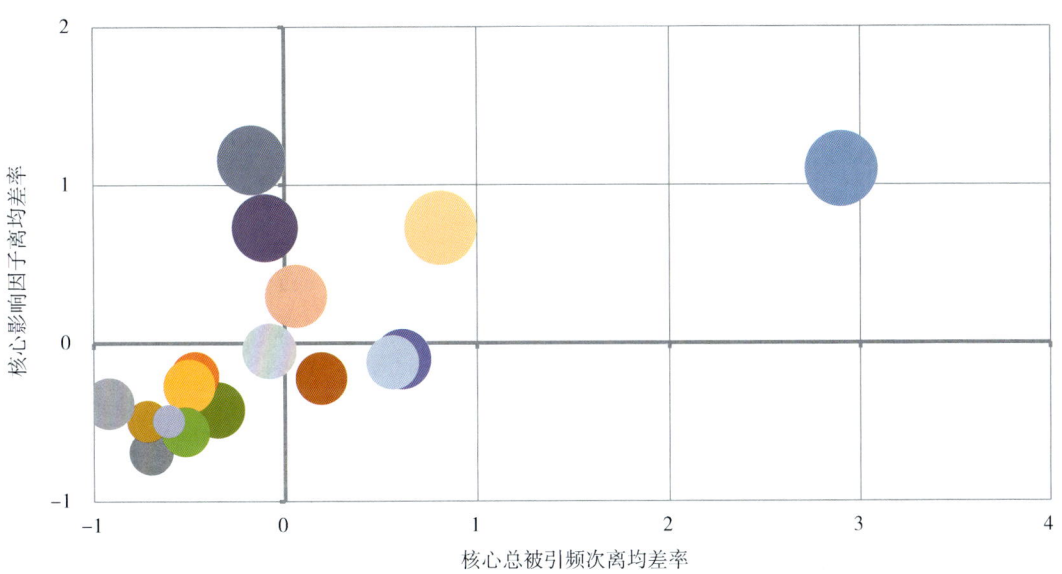

2018年教育学综合类期刊核心总被引频次和核心影响因子离均差率的分布图
（节点大小表示综合评价总分）

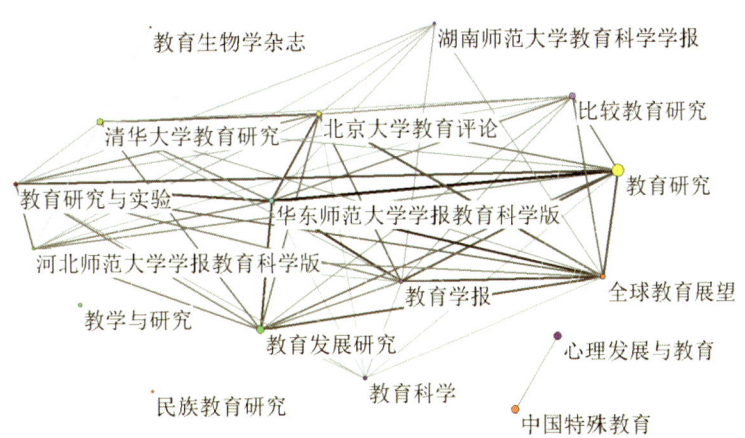

2018年教育学综合类期刊互引关系示意图

表 6-35　2018 年教育学综合类期刊主要指标

CODE	刊名	核心总被引频次			核心影响因子			综合评价总分		学科扩散指标	学科影响指标	红点指标
		数值	排名	离均差率	数值	排名	离均差率	数值	排名			
S152	北京大学教育评论	532	8	-0.10	0.987	4	0.73	56.0	4	9.00	0.82	0.55
S666	比较教育研究	703	5	0.19	0.444	10	-0.22	33.9	11	7.73	0.88	0.62
S204	河北师范大学学报教育科学版	175	15	-0.70	0.180	17	-0.69	25.4	15	6.55	0.65	0.47
S212	湖南师范大学教育科学学报	167	16	-0.72	0.291	15	-0.49	21.4	16	4.54	0.76	0.36
S673	华东师范大学学报教育科学版	493	9	-0.17	1.234	1	1.16	60.1	3	6.94	1.00	0.53
S675	教学与研究	385	10	-0.35	0.329	13	-0.42	38.6	7	38.00	0.24	0.47
S676	教育发展研究	955	3	0.61	0.514	7	-0.10	44.3	6	10.57	0.82	0.57
S677	教育科学	312	11	-0.47	0.451	9	-0.21	31.0	13	6.20	0.88	0.73
S415	教育生物学杂志	48	17	-0.92	0.354	12	-0.38	32.7	12	6.60	0.29	0.67
S224	教育学报	299	12	-0.50	0.419	11	-0.27	35.5	10	5.13	0.94	0.60
S681	教育研究	2312	1	2.90	1.203	2	1.10	71.3	1	14.94	1.00	0.71
S682	教育研究与实验	286	13	-0.52	0.254	16	-0.56	30.4	14	6.93	0.88	0.71
S249	民族教育研究	232	14	-0.61	0.294	14	-0.49	13.2	17	5.20	0.59	0.47
S687	清华大学教育研究	631	6	0.06	0.741	5	0.30	49.2	5	11.07	0.82	0.57
S688	全球教育展望	543	7	-0.08	0.543	6	-0.05	38.0	8	6.43	0.82	1.00
S700	心理发展与教育	1076	2	0.81	0.989	3	0.73	67.5	2	13.58	0.71	0.67
S714	中国特殊教育	925	4	0.56	0.504	8	-0.12	36.1	9	10.07	0.82	0.43
	17 种期刊平均值	593			0.572							

学前教育学、普通教育学

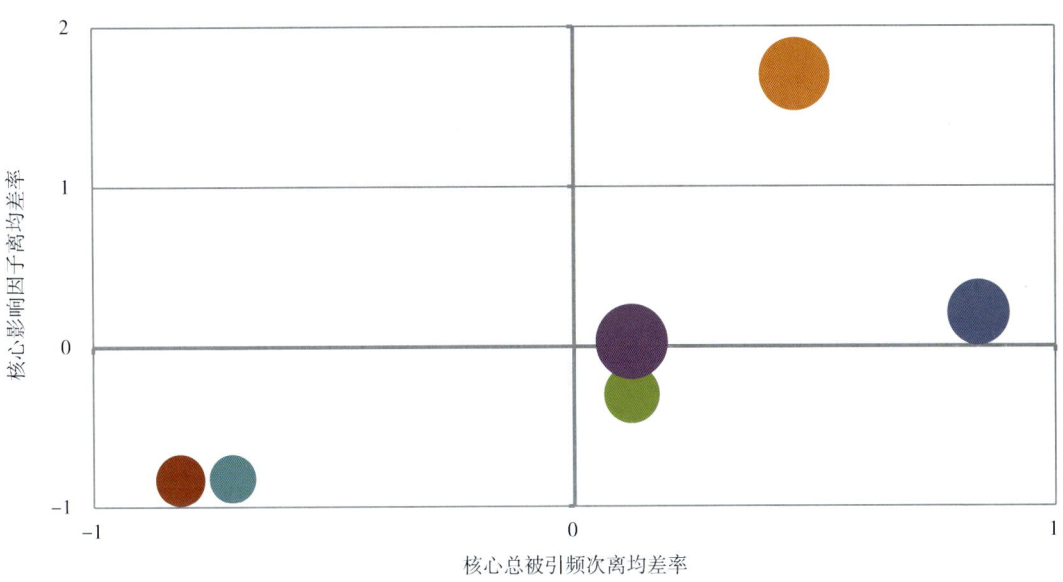

2018年学前教育学、普通教育学类期刊核心总被引频次和核心影响因子离均差率的分布图
（节点大小表示综合评价总分）

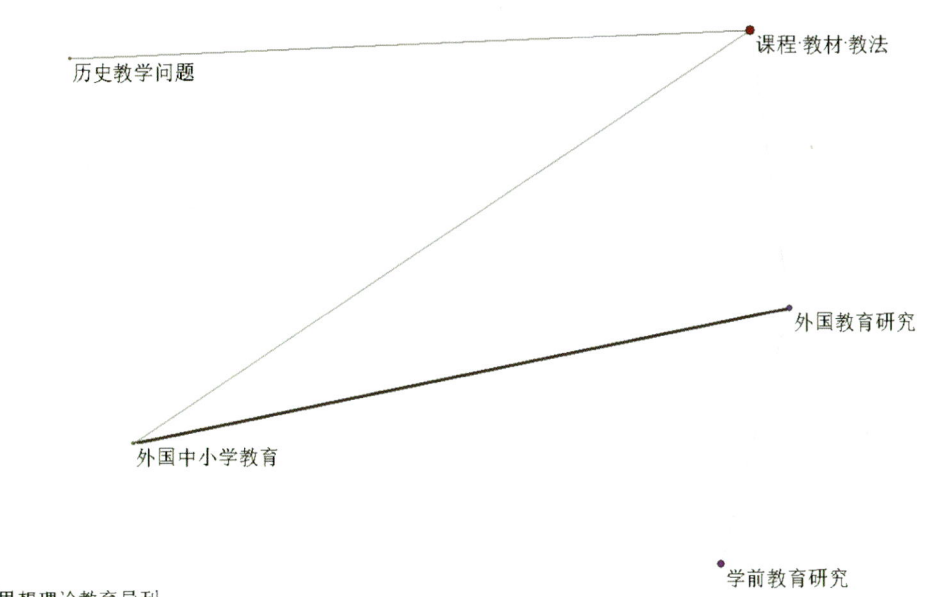

2018年学前教育学、普通教育学类期刊互引关系示意图

表 6-36 2018年学前教育学、普通教育学类期刊主要指标

CODE	刊名	核心总被引频次			核心影响因子			综合评价总分		学科扩散指标	学科影响指标	红点指标
		数值	排名	离均差率	数值	排名	离均差率	数值	排名			
S236	课程·教材·教法	607	1	0.84	0.339	2	0.21	49.5	3	16.40	0.83	0.73
S239	历史教学问题	58	6	-0.82	0.047	6	-0.83	31.2	5	14.00	0.33	0.61
S291	思想理论教育导刊	368	4	0.12	0.197	4	-0.30	38.9	4	42.00	0.33	0.38
S694	外国教育研究	370	3	0.12	0.288	3	0.03	65.7	1	21.75	0.67	0.56
S695	外国中小学教育	97	5	-0.71	0.050	5	-0.82	27.4	6	10.00	0.67	0.65
S703	学前教育研究	482	2	0.46	0.757	1	1.70	62.2	2	17.00	0.67	0.81
	6种期刊平均值	330			0.280							

高等教育学

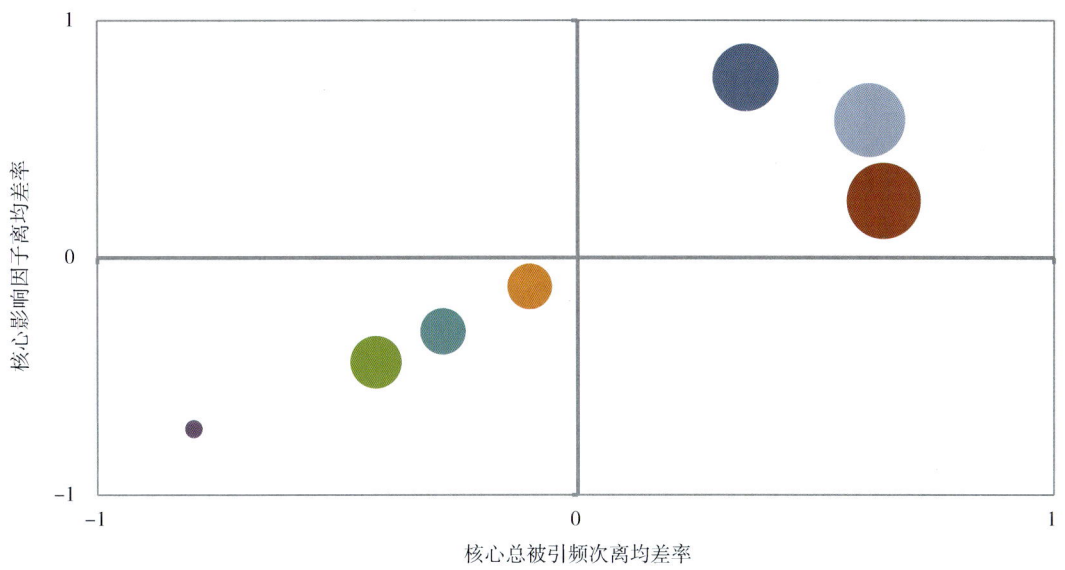

2018年高等教育学类期刊核心总被引频次和核心影响因子离均差率的分布图（节点大小表示综合评价总分）

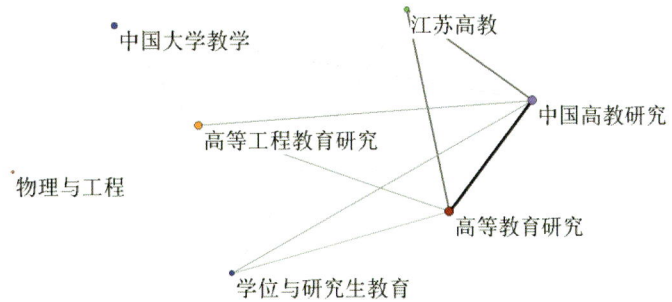

2018年高等教育学类期刊互引关系示意图

表 6-37 2018 年高等教育学类期刊主要指标

CODE	刊名	核心总被引频次			核心影响因子			综合评价总分		学科扩散指标	学科影响指标	红点指标
		数值	排名	离均差率	数值	排名	离均差率	数值	排名			
S668	高等工程教育研究	1050	3	0.35	1.017	1	0.76	71.1	3	20.86	1.00	0.81
S669	高等教育研究	1280	1	0.64	0.719	3	0.24	89.7	1	26.86	1.00	0.93
S674	江苏高教	450	6	-0.42	0.326	6	-0.44	42.5	4	17.50	0.86	0.54
C509	物理与工程	156	7	-0.80	0.161	7	-0.72	5.1	7	19.67	0.43	0.64
S704	学位与研究生教育	562	5	-0.28	0.400	5	-0.31	33.7	5	21.00	0.86	0.74
S304	中国大学教学	700	4	-0.10	0.508	4	-0.12	32.1	6	18.43	1.00	0.76
S664	中国高教研究	1257	2	0.61	0.913	2	0.58	83.9	2	28.43	1.00	0.56
	7 种期刊平均值	779			0.578							

成人教育学、职业技术教育学

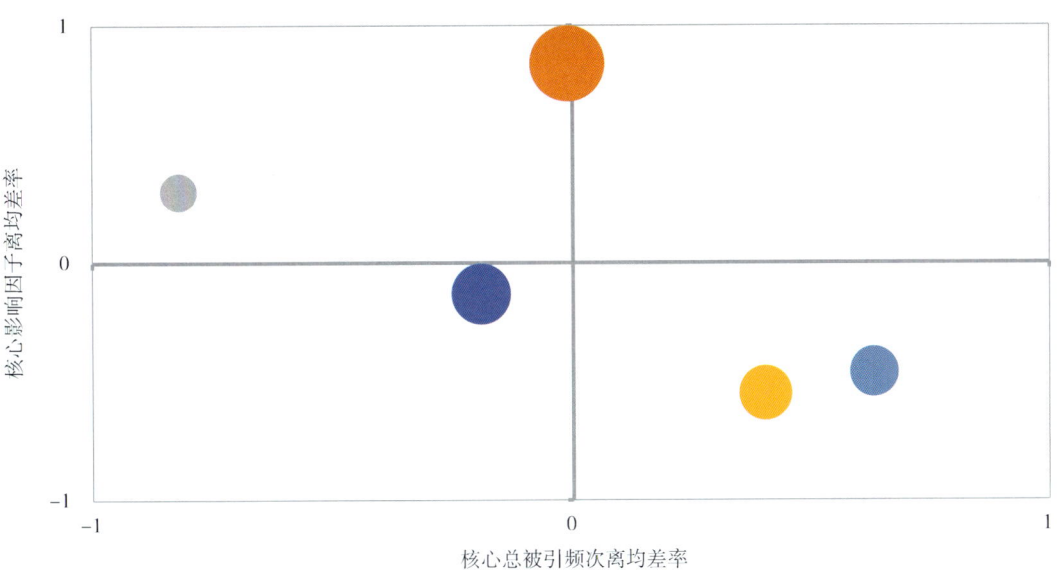

2018年成人教育学、职业技术教育学类期刊核心总被引频次和核心影响因子离均差率的分布图
（节点大小表示综合评价总分）

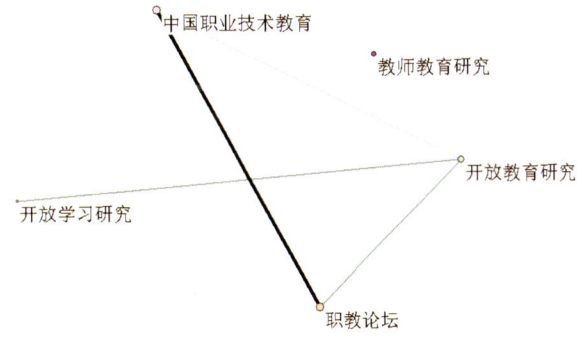

2018年成人教育学、职业技术教育学类期刊互引关系示意图

表 6-38 2018 年成人教育学、职业技术教育学类期刊主要指标

CODE	刊名	核心总被引频次			核心影响因子			综合评价总分		学科扩散指标	学科影响指标	红点指标
		数值	排名	离均差率	数值	排名	离均差率	数值	排名			
S222	教师教育研究	360	4	-0.19	0.372	3	-0.13	55.6	2	20.25	0.80	0.47
S233	开放教育研究	438	3	-0.01	0.791	1	0.84	87.5	1	24.20	1.00	0.88
S155	开放学习研究	78	5	-0.82	0.557	2	0.30	21.8	5	4.75	0.80	0.72
S384	职教论坛	619	2	0.40	0.191	5	-0.55	45.0	3	17.80	1.00	0.97
S432	中国职业技术教育	720	1	0.63	0.232	4	-0.46	38.3	4	20.50	0.80	0.48
	5 种期刊平均值	443			0.429							

体育科学

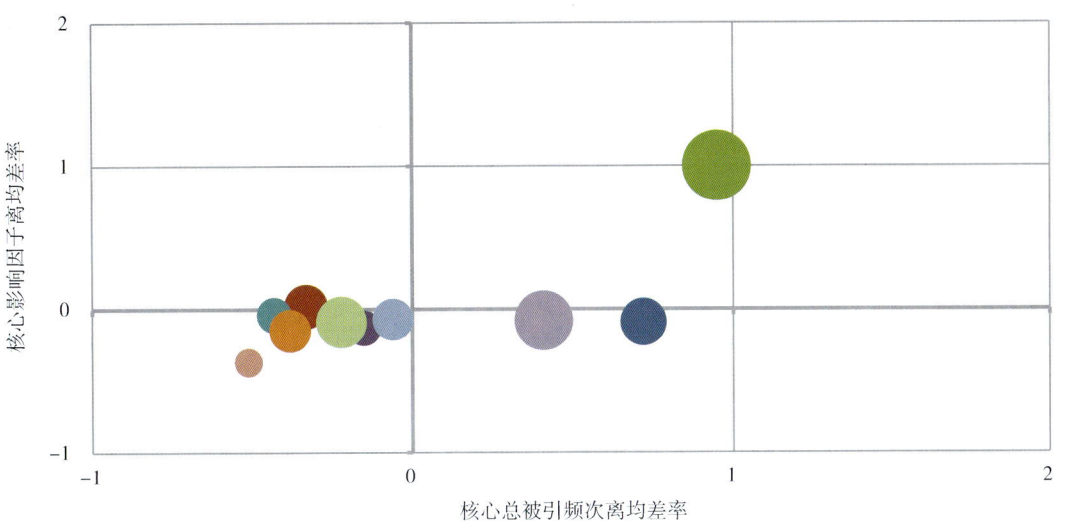

2018年体育科学类期刊核心总被引频次和核心影响因子离均差率的分布图
（节点大小表示综合评价总分）

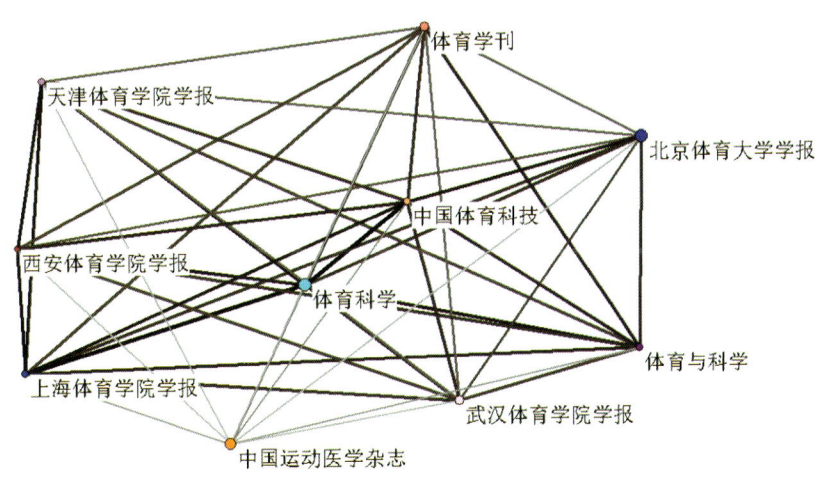

2018年体育科学类期刊互引关系示意图

表 6-39 2018 年体育科学类期刊主要指标

CODE	刊名	核心总被引频次			核心影响因子			综合评价总分		学科扩散指标	学科影响指标	红点指标
		数值	排名	离均差率	数值	排名	离均差率	数值	排名			
S877	北京体育大学学报	1247	2	0.72	0.569	6	-0.09	38.9	4	20.50	1.00	0.43
S883	上海体育学院学报	481	7	-0.33	0.639	2	0.02	34.1	5	7.20	1.00	0.68
S884	体育科学	1412	1	0.95	1.253	1	1.00	84.9	1	18.50	1.00	0.63
S880	体育学刊	612	5	-0.15	0.542	8	-0.13	21.4	9	9.30	1.00	0.53
S885	体育与科学	412	9	-0.43	0.602	3	-0.04	21.9	8	7.20	1.00	0.26
S886	天津体育学院学报	449	8	-0.38	0.534	9	-0.15	31.1	6	7.60	1.00	0.72
S887	武汉体育学院学报	680	4	-0.06	0.581	4	-0.07	30.0	7	11.40	1.00	0.83
S881	西安体育学院学报	354	10	-0.51	0.394	10	-0.37	14.3	10	6.80	1.00	0.45
S888	中国体育科技	565	6	-0.22	0.567	7	-0.09	45.6	3	13.30	1.00	0.31
G131	中国运动医学杂志	1021	3	0.41	0.576	5	-0.08	61.4	2	29.90	1.00	0.47
	10 种期刊平均值	723			0.626							

统计学

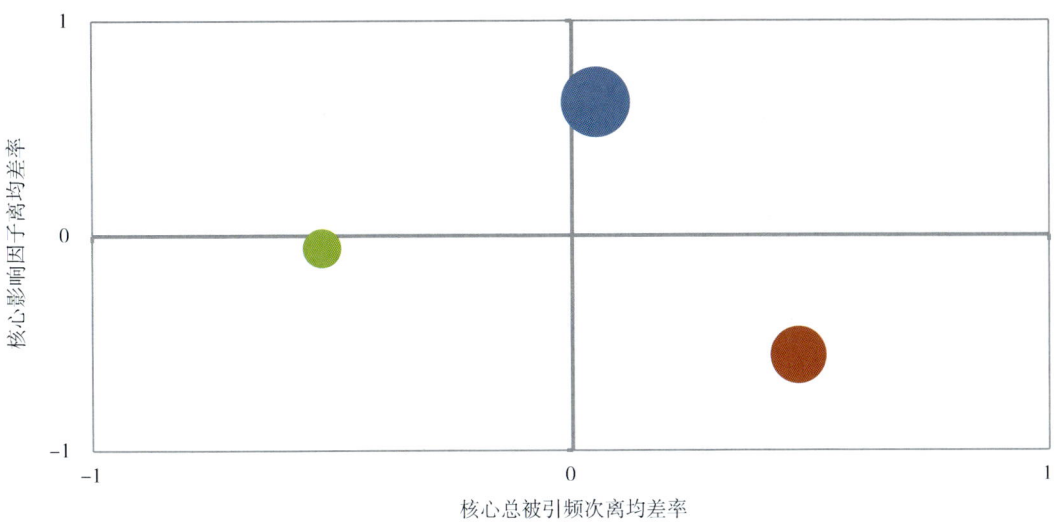

2018年统计学类期刊核心总被引频次和核心影响因子离均差率的分布图
（节点大小表示综合评价总分）

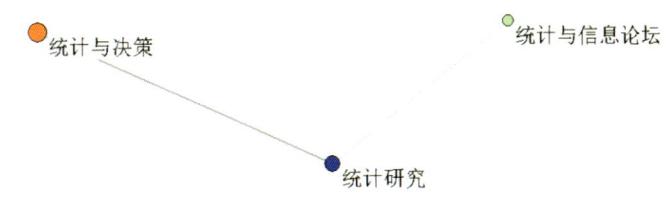

2018年统计学类期刊互引关系示意图

表 6-40 2018 年统计学类期刊主要指标

CODE	刊名	核心总被引频次			核心影响因子			综合评价总分		学科扩散指标	学科影响指标	红点指标
		数值	排名	离均差率	数值	排名	离均差率	数值	排名			
S793	统计研究	2075	2	0.05	1.247	1	0.62	79.0	1	144.67	1.00	0.67
S293	统计与决策	2899	1	0.47	0.337	3	-0.56	53.1	2	207.00	1.00	0.60
S306	统计与信息论坛	944	3	-0.52	0.724	2	-0.06	24.5	3	115.67	1.00	0.64
	3 种期刊平均值	1973			0.769							

表7 2018年社会科学领域中国科技核心期刊综合评价总分排名

CODE	刊 名	核心总被引频次 数值	核心总被引频次 排名	核心影响因子 数值	核心影响因子 排名	综合评价总分* 数值	综合评价总分* 排名
S800	中国工业经济	5694	2	4.518	2	96.2	1
S428	中国刑事法杂志	454	189	0.908	78	95.8	2
S790	数量经济技术经济研究	3162	7	2.193	13	95.0	3
S327	文学评论	834	97	0.476	184	92.0	4
S757	金融研究	5595	3	3.05	6	91.9	5
S875	中国社会科学	5589	4	3.213	4	91.5	6
S867	社会学研究	2965	10	2.736	11	91.3	7
S804	中国农村经济	2889	13	2.763	10	90.6	8
S930	北京师范大学学报社会科学版	623	142	0.5	173	89.9	9
S669	高等教育研究	1280	47	0.719	104	89.7	10
S772	经济研究	15349	1	5.384	1	89.7	10
S756	会计研究	3154	8	1.611	21	88.7	12
S233	开放教育研究	438	196	0.791	89	87.5	13
S617	人文地理	2290	21	1.295	40	87.2	14
S860	人口研究	1368	44	2.243	12	87.0	15
S633	中国法学	2764	14	3.199	5	85.6	16
S884	体育科学	1412	42	1.253	43	84.9	17
S314	外国文学	149	353	0.16	337	84.9	17
S252	民族研究	437	197	0.366	232	84.6	19
S354	学海	536	166	0.487	179	84.6	19
S664	中国高教研究	1257	51	0.913	76	83.9	21
S715	中国语文	1032	68	0.455	192	82.9	22
S941	华中师范大学学报人文社会科学版	591	154	0.346	244	81.9	23
S382	政治学研究	801	105	1.547	24	81.1	24
S626	法学研究	2358	18	2.97	8	80.7	25
S287	世界宗教研究	233	305	0.16	337	80.5	26
S874	中国人口科学	1336	45	1.554	23	79.6	27
S193	国家行政学院学报	670	134	0.871	80	79.2	28
S793	统计研究	2075	25	1.247	45	79.0	29
S334	武汉大学学报哲学社会科学版	567	155	0.911	77	78.1	30
S811	文物	1715	34	0.358	238	77.7	31
S990	中国人民大学学报	797	107	0.68	112	74.8	32
S961	山西财经大学学报	766	113	0.808	87	73.7	33
S316	外国文学研究	174	338	0.127	356	73.4	34
S698	外语教学与研究	650	137	0.528	158	73.2	35
S902	中国图书馆学报	1478	40	3.34	3	73.1	36
S332	文艺研究	607	149	0.281	273	72.8	37
S779	农业经济问题	2762	15	1.98	15	72.7	38

表7 2018年社会科学领域中国科技核心期刊综合评价总分排名(续)

CODE	刊名	核心总被引频次		核心影响因子		综合评价总分*	
		数值	排名	数值	排名	数值	排名
S986	浙江大学学报人文社会科学版	712	126	0.459	191	72.4	39
S232	军事运筹与系统工程	249	299	0.429	202	72.3	40
S329	文艺理论研究	221	313	0.186	323	72.2	41
S608	档案学通讯	533	167	0.527	159	72.0	42
S440	中央财经大学学报	723	121	0.709	107	71.6	43
S681	教育研究	2312	20	1.203	49	71.3	44
S668	高等工程教育研究	1050	65	1.017	69	71.1	45
S808	考古	1496	37	0.378	224	70.8	46
S955	清华大学学报哲学社会科学版	526	171	0.673	116	70.5	47
S899	图书情报工作	4092	5	1.362	37	70.1; 55.7	48
S923	哲学研究	741	117	0.355	240	69.2	49
S699	外语与外语教学	402	210	0.423	203	68.1	50
S700	心理发展与教育	1076	62	0.989	71	38.5; 67.5	51
S734	财贸经济	2075	25	1.787	17	66.4	52
S691	世界汉语教学	419	204	0.595	138	66.2	53
S809	考古学报	626	141	0.444	197	65.7	54
S694	外国教育研究	370	222	0.288	271	65.7	54
S929	北京大学学报哲学社会科学版	819	100	0.362	234	65.4	56
S862	人口与经济	790	109	0.993	70	65.4	56
S315	外国文学评论	122	361	0.084	373	65.3	58
S900	图书情报知识	782	110	1.406	31	64.9; 49.6	59
S778	农业技术经济	2013	27	1.567	22	64.5	60
S788	世界经济与政治	950	79	1.396	33	64.4	61
A583	中国科技期刊研究	2005	28	1.488	27	64.3	62
S733	财经研究	1936	30	1.472	28	64.2	63
S270	社会	1264	49	2.075	14	63.8	64
S803	中国农村观察	1129	60	1.731	19	63.8	64
S367	音乐研究	275	288	0.25	290	63.6	66
S697	外语教学	507	173	0.483	181	63.1	67
S703	学前教育研究	482	178	0.757	92	62.2	68
S253	民族艺术	182	333	0.23	301	61.7	69
G131	中国运动医学杂志	1021	71	0.576	143	61.4	70
S246	马克思主义研究	607	149	0.475	185	61.1	71
S240	历史研究	846	96	0.449	196	61.0	72
S349	新疆师范大学学报哲学社会科学版	361	229	0.419	206	60.8	73
S328	文学遗产	350	236	0.205	317	60.5	74
S673	华东师范大学学报教育科学版	493	175	1.234	46	60.1	75
S847	情报理论与实践	2404	17	1.317	38	60.0	76
S785	世界经济	3870	6	3.042	7	59.8	77
S441	中央音乐学院学报	209	320	0.293	267	58.9	78
S229	经济学	2915	11	2.8	9	58.4	79
W020	情报学报	1263	50	1.312	39	58.3	80
S942	吉林大学社会科学学报	540	164	0.444	197	58.2	81

表7 2018年社会科学领域中国科技核心期刊综合评价总分排名（续）

CODE	刊 名	核心总被引频次		核心影响因子		综合评价总分*	
		数值	排名	数值	排名	数值	排名
S368	语言教学与研究	429	200	0.371	228	57.5	82
S956	求是	873	94	0.256	284	56.9	83
S992	中南财经政法大学学报	559	160	0.66	119	56.5	84
S765	经济社会体制比较	1040	66	0.754	94	56.4	85
S276	社会主义研究	327	248	0.421	204	56.3	86
S152	北京大学教育评论	532	168	0.987	72	56.0	87
S849	情报资料工作	736	119	1.149	55	55.8	88
S736	城市发展研究	1813	33	0.79	90	55.7	89
S222	教师教育研究	360	231	0.372	227	55.6	90
S398	中国地质大学学报社会科学版	441	195	0.602	136	55.6	90
S950	南京大学学报哲学·人文科学·社会科学	394	213	0.375	225	55.1	92
S848	情报杂志	3074	9	1.152	54	55.1	92
S265	上海财经大学学报哲学社会科学版	301	267	0.689	110	55.0	94
S909	新闻与传播研究	528	169	0.553	151	54.3	95
S953	南开学报哲学社会科学版	343	240	0.452	194	53.9	96
S846	情报科学	2321	19	1.189	52	53.2	97
S834	商业经济与管理	600	153	0.628	128	53.1	98
S293	统计与决策	2899	12	0.337	247	53.1	98
S165	当代语言学	266	293	0.316	255	53.0	100
S247	马克思主义与现实	490	176	0.277	275	53.0	100
S939	华东师范大学学报哲学社会科学版	311	261	0.261	282	52.9	102
S625	法学评论	963	76	1.132	59	52.4	103
S901	图书与情报	820	99	1.106	62	52.2; 43.7	104
S323	外语界	443	194	0.671	117	52.0	105
S183	公共行政评论	475	181	0.938	75	51.8	106
S333	文艺争鸣	396	212	0.093	370	51.8	106
S940	华南师范大学学报社会科学版	320	253	0.365	233	51.6	108
S297	探索	368	224	0.492	174	51.4	109
S582	刑事技术	363	227	0.321	252	51.4	109
S737	城市问题	1026	69	0.694	108	51.0	111
S934	复旦学报社会科学版	466	184	0.33	248	50.9	112
S448	宗教学研究	166	345	0.076	376	50.9	112
S850	现代图书情报技术	985	72	0.977	73	50.7; 44.6	114
S400	中国翻译	687	131	0.351	243	50.5	115
S426	中国文化研究	112	367	0.142	349	50.3	116
S159	产业经济研究	793	108	1.77	18	50.1	117
S237	理论探讨	376	219	0.341	245	50.1	117
S264	山东大学学报哲学社会科学版	368	224	0.441	200	49.8	119
S623	法学	1831	31	1.291	41	49.7	120
S405	中国行政管理	2188	22	0.806	88	49.7	120
S261	求实	276	285	0.393	219	49.6	122
S236	课程·教材·教法	607	149	0.339	246	49.5	123
S746	国际金融研究	1313	46	1.673	20	49.2	124

表7 2018年社会科学领域中国科技核心期刊综合评价总分排名（续）

CODE	刊 名	核心总被引频次		核心影响因子		综合评价总分*	
		数值	排名	数值	排名	数值	排名
S687	清华大学教育研究	631	139	0.741	98	49.2	124
S267	上海行政学院学报	264	294	0.564	146	49.0	126
S430	中国音乐学	255	296	0.143	348	48.9	127
S767	经济体制改革	613	146	0.481	182	48.8	128
S621	法律科学-西北政法大学学报	1068	63	1.398	32	48.7	129
S750	国际贸易问题	2105	23	1.496	26	48.7	129
S822	预测	496	174	0.662	118	48.4	131
S317	外国语	351	235	0.315	256	48.3	132
S967	四川大学学报哲学社会科学版	318	255	0.359	236	48.1	133
S978	厦门大学学报哲学社会科学版	374	220	0.255	285	48.1	133
S231	军事历史研究	73	384	0.173	329	48.0	135
S341	西南民族大学学报人文社科版	761	114	0.248	291	48.0	135
S169	电影艺术	352	234	0.167	333	47.9	137
S764	经济评论	936	82	1.379	34	47.9	137
S731	财经科学	814	102	0.732	100	47.6	139
S777	南开经济研究	905	88	1.431	29	47.4	140
S784	生态经济	1659	35	0.524	160	47.4	140
S320	外交评论	329	247	1.147	56	47.3	143
G352	证据科学	247	301	0.29	269	47.3	143
S634	中外法学	1216	56	1.532	25	47.3	143
S721	经济学动态	1633	36	1.228	47	47.1	146
S630	现代法学	933	83	0.749	96	46.9	147
S154	北京工商大学学报社会科学版	334	242	0.647	123	46.4	148
S370	语言研究	305	264	0.131	354	46.2	149
S587	中国司法鉴定	333	243	0.308	258	46.1	150
S228	近代史研究	489	177	0.686	111	45.6	151
S888	中国体育科技	565	157	0.567	145	45.6	151
S384	职教论坛	619	144	0.191	321	45.0	153
S628	人民检察	452	190	0.141	351	44.9	154
S391	中共中央党校学报	297	271	0.614	133	44.9	154
S771	经济学家	1490	38	1.366	36	44.8	156
S761	经济科学	801	105	1.248	44	44.7	157
S330	文艺理论与批评	104	374	0.098	368	44.4	158
S676	教育发展研究	955	78	0.514	165	44.3	159
S285	世界民族	205	324	0.242	294	44.1	160
S624	法学家	1066	64	1.808	16	43.7	161
S429	中国音乐	176	335	0.168	332	43.6	162
S728	资源开发与市场	782	110	0.403	212	43.6	162
S443	重庆大学学报社会科学版	346	238	0.371	228	43.5	164
S427	中国现代文学研究丛刊	388	215	0.15	344	43.4	165
S188	广东财经大学学报	238	304	1.088	64	42.8	166
S781	上海经济研究	746	116	0.61	134	42.7	167
S639	企业经济	567	155	0.23	301	42.6	168

表7　2018年社会科学领域中国科技核心期刊综合评价总分排名（续）

CODE	刊 名	核心总被引频次		核心影响因子		综合评价总分*	
		数值	排名	数值	排名	数值	排名
S674	江苏高教	450	191	0.326	250	42.5	169
S994	中山大学学报社会科学版	402	210	0.175	327	42.4	170
A570	编辑学报	1455	41	1.422	30	42.3	171
S762	经济理论与经济管理	885	93	0.954	74	41.8; 40.1	172
S622	法商研究	1201	58	1.126	60	41.5	173
S759	经济管理	1825	32	1.374	35	41.6; 47.4	173
S863	社会科学	958	77	0.438	201	41.3	175
S616	旅游学刊	2663	16	1.192	51	41.2	177
S238	理论与改革	340	241	0.307	259	41.0	178
S419	中国人力资源开发	651	136	0.62	131	41.0	178
S926	自然辩证法研究	554	161	0.236	298	41.0	178
S340	西南大学学报社会科学版	446	193	0.403	212	40.9	181
S160	当代电影	527	170	0.117	360	40.8	182
S732	财经问题研究	859	95	0.502	172	40.7	183
S906	现代传播	677	133	0.324	251	40.6	184
S982	学术月刊	966	75	0.491	175	40.6	184
S245	旅游科学	479	180	0.759	91	40.0	186
S392	中国比较文学	124	359	0.117	360	40.0	186
S738	当代财经	940	81	1.02	68	39.6	188
S769	经济问题探索	1210	57	0.72	103	39.5	189
S156	北京行政学院学报	241	302	0.402	214	39.4	190
S172	东南大学学报哲学社会科学版	252	297	0.39	220	39.4	190
S147	财经论丛	410	208	0.509	166	39.3	192
S350	新视野	179	334	0.289	270	39.0	193
S877	北京体育大学学报	1247	53	0.569	144	38.9	194
S190	贵州财经大学学报	212	318	0.714	105	38.9	194
S291	思想理论教育导刊	368	224	0.197	320	38.9	194
S309	现代情报	1487	39	0.809	86	38.9	194
S773	经济与管理研究	775	112	0.624	129	38.8; 37.2	198
S675	教学与研究	385	217	0.329	249	38.6	199
S214	华东政法大学学报	464	186	0.727	101	38.5	200
S294	苏州大学学报哲学社会科学版	298	270	0.217	312	38.5	200
S619	政法论坛	967	74	1.143	57	38.5	200
S178	法学论坛	602	152	0.646	124	38.4	203
S958	求索	539	165	0.176	326	38.4	203
S162	当代外国文学	95	376	0.101	366	38.3	205
S835	商业研究	729	120	0.415	209	38.3	205
S432	中国职业技术教育	720	123	0.232	299	38.3	205
S719	技术经济与管理研究	565	157	0.321	252	38.2	208
S839	农村经济	1266	48	0.712	106	38.2	208
S286	世界宗教文化	110	368	0.103	365	38.2	208
S213	湖南师范大学社会科学学报	196	326	0.163	335	38.1	211
S819	软科学	2001	29	0.815	82	38.1	211

表7 2018年社会科学领域中国科技核心期刊综合评价总分排名（续）

CODE	刊名	核心总被引频次 数值	核心总被引频次 排名	核心影响因子 数值	核心影响因子 排名	综合评价总分* 数值	综合评价总分* 排名
S795	外国经济与管理	1164	59	1.205	48	38.1；41.3	211
S609	档案学研究	381	218	0.507	168	38.0	213
S688	全球教育展望	543	163	0.543	153	38.0	213
S865	社会科学研究	612	147	0.384	222	38.0	213
S735	财政研究	887	92	1.051	66	37.9	216
S278	史学月刊	418	205	0.156	339	37.7	217
S173	东南文化	327	248	0.185	324	37.5	218
S260	青少年犯罪问题	270	291	0.623	130	37.4	219
S266	上海翻译	330	245	0.534	156	37.2	220
S933	福建师范大学学报哲学社会科学版	214	316	0.171	331	36.9	221
S810	考古与文物	614	145	0.358	238	36.9	221
S718	技术经济	924	85	0.754	94	36.8	223
S235	抗日战争研究	147	354	0.294	265	36.7	224
S369	语言文字应用	318	255	0.395	216	36.7	224
S618	中国历史地理论丛	222	312	0.149	346	36.7	224
S234	开放时代	1039	67	0.811	85	36.6	227
A201	世界科技研究与发展	456	187	0.275	278	36.6	227
S858	南京社会科学	913	86	0.503	171	36.4	229
S683	教育与经济	294	274	0.52	162	36.3	230
S714	中国特殊教育	925	84	0.504	170	36.1	231
S907	新闻大学	276	285	0.295	264	35.9	232
S184	古汉语研究	117	362	0.141	351	35.7	233
S787	世界经济研究	1220	55	1.121	61	35.7	233
S627	法制与社会发展	802	103	1.079	65	35.6	235
S219	江苏行政学院学报	296	272	0.419	206	35.6	235
S366	艺术百家	187	330	0.087	372	35.6	235
S224	教育学报	299	269	0.419	206	35.5	238
S831	国际经贸探索	474	182	0.829	81	35.4	239
S892	大学图书馆学报	832	98	1.272	42	35.2	240
S866	社会科学战线	895	90	0.205	317	34.8	241
S226	金融经济学研究	284	281	0.737	99	34.5	242
S383	政治与法律	1101	61	1.185	53	34.3	243
S883	上海体育学院学报	481	179	0.639	125	34.1	244
S981	学术研究	657	135	0.296	262	34.1	244
S647	财经理论与实践	472	183	0.616	132	34.0	246
S666	比较教育研究	703	128	0.444	197	33.9	247
J067	工业技术经济	802	103	0.523	161	33.9	247
S271	社会保障研究	229	308	0.472	187	33.9	247
S576	西安外国语大学学报	163	347	0.296	262	33.9	247
S987	浙江社会科学	816	101	0.471	188	33.9	247
S153	北京电影学院学报	116	364	0.126	357	33.8	252
S269	上海师范大学学报哲学社会科学版	206	322	0.252	287	33.8	252
S393	中国边疆史地研究	164	346	0.101	366	33.8	252

表7　2018年社会科学领域中国科技核心期刊综合评价总分排名（续）

CODE	刊 名	核心总被引频次 数值	排名	核心影响因子 数值	排名	综合评价总分* 数值	排名
S704	学位与研究生教育	562	159	0.4	215	33.7	255
S444	装饰	315	257	0.081	374	33.7	255
S259	青年研究	436	198	0.471	188	33.6	257
S166	当代作家评论	288	278	0.14	353	33.1	259
S838	中国流通经济	703	128	0.756	93	33.1	259
S217	会计与经济研究	136	357	0.485	180	32.9	261
S965	上海大学学报社会科学版	175	336	0.309	257	32.9	261
S170	东北大学学报社会科学版	184	332	0.27	279	32.8	263
S343	现代财经-天津财经大学学报	314	258	0.477	183	32.8	263
S415	教育生物学杂志	48	393	0.354	242	32.7	265
S200	汉语学习	292	275	0.21	314	32.5	266
S854	江苏社会科学	621	143	0.318	254	32.5	266
S336	西安交通大学学报社会科学版	372	221	0.52	162	32.2	268
S304	中国大学教学	700	130	0.508	167	32.1	269
S361	学习论坛	143	355	0.142	349	31.8	270
S983	学习与探索	629	140	0.276	277	31.8	270
S760	经济经纬	716	124	0.693	109	31.7	272
S774	经济纵横	896	89	0.66	119	31.6	273
S944	江海学刊	545	162	0.278	274	31.5	274
S239	历史教学问题	58	391	0.047	386	31.2	275
S886	天津体育学院学报	449	192	0.534	156	31.1	276
S677	教育科学	312	260	0.451	195	31.0	277
S768	经济问题	1025	70	0.68	112	31.0	277
S272	河海大学学报哲学社会科学版	193	327	0.385	221	30.9	279
S751	国际商务研究	115	365	0.379	223	30.7	280
S216	黄钟-中国-武汉音乐学院学报	107	370	0.073	377	30.7	280
S209	湖南大学学报社会科学版	191	328	0.173	329	30.5	282
S946	江西社会科学	714	125	0.221	309	30.4	283
S682	教育研究与实验	286	279	0.254	286	30.4	283
S947	兰州大学学报社会科学版	281	284	0.219	310	30.4	283
S964	陕西师范大学学报哲学社会科学版	304	265	0.307	259	30.2	286
S386	中共党史研究	410	208	0.488	178	30.2	286
S973	文史哲	391	214	0.303	261	30.1	288
S887	武汉体育学院学报	680	132	0.581	141	30.0	289
S255	南方文坛	207	321	0.105	364	29.9	290
S282	经济学报	107	370	0.594	139	29.7	291
S396	中国党政干部论坛	224	310	0.115	362	29.4	292
S174	东南学术	355	232	0.248	291	29.3	293
S351	新文学史料	198	325	0.057	379	29.3	293
S996	中州学刊	646	138	0.261	282	29.3	293
S197	国家图书馆学刊	345	239	0.581	141	29.2	296
S254	明清小说研究	105	372	0.125	358	29.1	297
S975	西北大学学报哲学社会科学版	251	298	0.239	296	29.1	297

表7 2018年社会科学领域中国科技核心期刊综合评价总分排名（续）

CODE	刊 名	核心总被引频次		核心影响因子		综合评价总分*	
		数值	排名	数值	排名	数值	排名
S201	行政论坛	350	236	0.66	119	28.7	299
S659	证券市场导报	433	199	0.371	228	28.7	299
S743	改革	1379	43	1.099	63	28.6	301
S836	消费经济	300	268	0.489	177	28.6	301
S205	河南大学学报社会科学版	218	315	0.231	300	28.5	303
S922	哲学动态	273	289	0.124	359	28.5	303
H221	中国农业资源与区划	2077	24	1.202	50	28.5; 41.5	303
S346	湘潭大学学报哲学社会科学版	270	291	0.225	305	28.4	305
S319	法学杂志	755	115	0.507	168	27.9	306
S251	民族文学研究	158	349	0.153	340	27.9	306
S435	中华文化论坛	95	376	0.022	392	27.9	306
S372	云南财经大学学报	290	276	0.538	155	27.5	309
S695	外国中小学教育	97	375	0.05	382	27.4	310
S167	党的文献	162	348	0.152	342	27.0	311
S211	湖南社会科学	271	290	0.153	340	26.8	312
S404	中国海商法研究	105	372	0.421	204	26.8	312
S740	当代经济研究	425	201	0.362	234	26.5	314
S789	世界经济与政治论坛	213	317	0.748	97	26.4	315
S179	方言	327	248	0.222	308	25.8	316
S263	人民音乐	264	294	0.05	382	25.7	317
S993	中南民族大学学报人文社会科学版	320	253	0.213	313	25.6	318
S204	河北师范大学学报教育科学版	175	336	0.18	325	25.4	319
S331	文艺评论	51	392	0.019	395	25.4	319
S210	湖南科技大学学报社会科学版	223	311	0.277	275	25.3	321
S195	国家教育行政学院学报	361	229	0.359	236	24.9	322
S206	红楼梦学刊	321	251	0.265	281	24.7	323
S656	税务与经济	137	356	0.228	304	24.6	324
S306	统计与信息论坛	944	80	0.724	102	24.5	325
S227	金融论坛	456	187	1.133	58	24.0	326
S446	资源与产业	521	172	0.65	122	24.0	326
S308	图书馆学研究	1234	54	0.605	135	23.8	328
S225	解放军外国语学院学报	276	285	0.218	311	23.6	329
S161	当代青年研究	167	343	0.151	343	23.5	330
S799	亚太经济	296	272	0.415	209	23.0	331
S374	云南民族大学学报哲学社会科学版	211	319	0.225	305	22.8	332
S151	安徽师范大学学报人文社会科学版	114	366	0.107	363	22.6	333
S292	思想战线	425	201	0.369	231	22.6	333
S401	中国改革	67	385	0.024	389	22.6	333
S782	审计研究	894	91	1.035	67	22.2	336
S290	思想教育研究	286	279	0.187	322	22.2	336
S885	体育与科学	412	206	0.602	136	21.9	338
S155	开放学习研究	78	383	0.557	148	21.8	339
S171	东北亚论坛	229	308	0.676	115	21.5	340

表 7 2018 年社会科学领域中国科技核心期刊综合评价总分排名（续）

CODE	刊 名	核心总被引频次		核心影响因子		综合评价总分*	
		数值	排名	数值	排名	数值	排名
S390	中共浙江省委党校学报	248	300	0.374	226	21.5	340
S212	湖南师范大学教育科学学报	167	343	0.291	268	21.4	342
W022	数字图书馆论坛	282	282	0.554	149	21.4	342
S880	体育学刊	612	147	0.542	154	21.4	342
S176	敦煌研究	369	223	0.08	375	21.2	345
S434	中国宗教	63	387	0.022	392	21.2	345
S268	上海金融	310	262	0.209	315	21.1	347
S181	甘肃政法学院学报	206	322	0.285	272	20.8	348
S895	图书馆建设	722	122	0.554	149	20.8	348
S175	敦煌学辑刊	158	349	0.07	378	20.5	350
S852	妇女研究论丛	306	263	0.455	192	19.8	351
G915	中华医学图书情报杂志	466	184	0.47	190	17.9; 20.2; 33.4	351
S342	戏剧-中央戏剧学院学报	42	394	0.024	389	19.3	352
S363	学校党建与思想教育	302	266	0.097	369	19.1	353
S230	经济与管理评论	363	227	0.815	82	17.4; 19.0	354
S897	图书馆论坛	969	73	0.814	84	18.9	355
S242	林业经济问题	423	203	0.897	79	18.8	356
S164	当代亚太	240	303	0.632	127	18.4	357
S215	华侨华人历史研究	91	379	0.209	315	18.2	358
S652	金融理论与实践	313	259	0.201	319	18.1	359
S220	江西财经大学学报	289	277	0.636	126	17.2	360
S243	鲁迅研究月刊	172	339	0.048	385	17.1	361
S936	广西民族大学学报哲学社会科学版	387	216	0.166	334	17.0	362
S295	台湾研究	124	359	0.269	280	17.0	362
S248	美术研究	83	382	0.051	381	16.6	364
S258	青年探索	157	351	0.252	287	16.6	364
S192	国际商务-对外经济贸易大学学报	220	314	0.563	147	16.1	366
S318	外国语文-四川外语学院学报	168	342	0.128	355	16.0	367
S348	小说评论	169	341	0.057	379	16.0	367
S221	交响-西安音乐学院学报	88	380	0.046	387	15.5	369
S133	中国科技资源导刊	110	368	0.229	303	14.8	370
S881	西安体育学院学报	354	233	0.394	217	14.3	371
L042	国际石油经济	412	206	0.406	211	14.2	372
S832	价格理论与实践	1255	52	0.593	140	13.8	373
S296	台湾研究集刊	186	331	0.245	293	13.3	374
S249	民族教育研究	232	307	0.294	265	13.2	375
S844	情报工程	117	362	0.49	176	12.9	376
S417	中国青年社会科学	233	305	0.355	240	12.2	377
S244	伦理学研究	189	329	0.15	344	11.9	378
G911	中国医学伦理学	913	86	0.515	164	11.8	379
S823	中国科技翻译	95	376	0.175	327	11.2	380
S199	海交史研究	63	387	0.022	392	10.8	381
S185	古籍整理研究学刊	60	390	0.043	388	10.6	382

表7 2018年社会科学领域中国科技核心期刊综合评价总分排名（续）

CODE	刊 名	核心总被引频次 数值	核心总被引频次 排名	核心影响因子 数值	核心影响因子 排名	综合评价总分* 数值	综合评价总分* 排名
S223	教育财会研究	67	385	0.149	346	9.8	383
S747	国际经济合作	321	251	0.237	297	9.5	384
C509	物理与工程	156	352	0.161	336	8.9; 5.1	385
G865	医学信息学杂志	708	127	0.474	186	8.7	386
S106	全球科技经济瞭望	171	340	0.252	287	8.4	387
S194	国家检察官学院学报	333	243	0.677	114	7.6	388
S416	中国青年研究	739	118	0.546	152	6.8	389
S414	中国穆斯林	39	395	0.023	391	6.4	390
S807	中国资产评估	131	358	0.241	295	5.6	391
S397	中国地方志	84	381	0.091	371	4.9	392
S637	煤炭经济研究	330	245	0.394	217	3.2	393
S410	中国劳动	282	282	0.225	305	1.2	394
S177	俄罗斯文艺	62	389	0.05	382	0.5	395

*注：对复分入多个学科的期刊，在不同学科内计算的综合评价总分不同，以社会科学领域学科较高的一个总分分值参加排名。

8 2018年社会科学领域中国科技核心期刊目录

表8 2018年社会科学领域中国科技核心期刊目录

CODE	刊 名	学科分类	主 编
S151	安徽师范大学学报人文社会科学版	社会科学师范大学学报	王世华
S152	北京大学教育评论	教育学综合	陈洪捷
S929	北京大学学报哲学社会科学版	社会科学综合大学学报	杨河
S153	北京电影学院学报	艺术学	杨远婴
S154	北京工商大学学报社会科学版	社会科学综合大学学报	李朝鲜
S930	北京师范大学学报社会科学版	社会科学师范大学学报	蒋重跃
S877	北京体育大学学报	体育科学	杨桦
S156	北京行政学院学报	政治大学学报	鄂振辉
S666	比较教育研究	教育学综合	顾明远
A570	编辑学报	新闻学与传播学	陈浩元
S731	财经科学	财政学、金融学、保险学	李萍
S647	财经理论与实践	财政学、金融学、保险学	姚德权
S147	财经论丛	财政学、金融学、保险学	王俊豪
S732	财经问题研究	财政学、金融学、保险学	吕炜
S733	财经研究	财政学、金融学、保险学	谈敏
S734	财贸经济	财政学、金融学、保险学	高培勇
S735	财政研究	财政学、金融学、保险学	刘尚希
S159	产业经济研究	工商业经济学	徐从才
S736	城市发展研究	社会学综合	鲍世行；李迅
S737	城市问题	国民经济学、管理经济学、数量经济学	周航
S443	重庆大学学报社会科学版	社会科学综合大学学报	赵修渝
S892	大学图书馆学报	图书馆学、文献学	朱强
S738	当代财经	财政学、金融学、保险学	王秋石
S160	当代电影	艺术学	张建勇；周涌
S740	当代经济研究	经济学综合	林岗
S161	当代青年研究	社会学综合	杨雄
S162	当代外国文学	外国文学	杨金才；刘锋
S164	当代亚太	国际政治学、外交学	李向阳
S165	当代语言学	语言学综合	沈家煊；顾曰国
S166	当代作家评论	中国文学	林建法；高海涛
S608	档案学通讯	档案学、博物馆学	胡鸿杰
S609	档案学研究	档案学、博物馆学	付华
S167	党的文献	政治学综合	陈晋
S169	电影艺术	艺术学	吴冠平
S170	东北大学学报社会科学版	社会科学综合大学学报	左良
S171	东北亚论坛	国际政治学、外交学	朱显平
S172	东南大学学报哲学社会科学版	社会科学综合大学学报	徐子方
S173	东南文化	民族学与文化学	龚良

表8 2018年社会科学领域中国科技核心期刊目录（续）

CODE	刊 名	学科分类	主 编
S174	东南学术	社会科学综合	杨健民
S175	敦煌学辑刊	历史学	郑炳林
S176	敦煌研究	历史学	樊锦诗
S177	俄罗斯文艺	外国文学	夏忠宪
S621	法律科学-西北政法大学学报	法学综合	韩松
S622	法商研究	法学综合	齐文远
S623	法学	法学综合	叶青
S624	法学家	法学综合	史际春
S178	法学论坛	法学综合	王彤宇
S625	法学评论	法学综合	肖永平
S626	法学研究	法学综合	梁慧星
S319	法学杂志	法学综合	宋树涛
S627	法制与社会发展	法学综合	张文显
S179	方言	语言学综合	麦耘
S933	福建师范大学学报哲学社会科学版	社会科学师范大学学报	陈颖
S852	妇女研究论丛	社会学综合	谭琳
S934	复旦学报社会科学版	社会科学综合大学学报	汪涌豪
S743	改革	经济学综合	廖元和
S181	甘肃政法学院学报	法学综合	史玉成
S668	高等工程教育研究	高等教育学	李培根
S669	高等教育研究	高等教育学	刘献君
J067	工业技术经济	工商业经济学	田莺
S183	公共行政评论	行政学	马骏
S184	古汉语研究	语言学综合	蒋冀骋
S185	古籍整理研究学刊	图书馆学、文献学	曹书杰
S188	广东财经大学学报	经济大学学报	王廷惠
S936	广西民族大学学报哲学社会科学版	社会科学综合大学学报	谢尚果
S190	贵州财经大学学报	经济大学学报	陈厚义
S746	国际金融研究	财政学、金融学、保险学	黄志强
S747	国际经济合作	经济学综合	齐国强
S831	国际经贸探索	工商业经济学	肖鹞飞
S750	国际贸易问题	工商业经济学	林桂军
S192	国际商务-对外经济贸易大学学报	经济大学学报	张新民
S751	国际商务研究	工商业经济学	孙海鸣
L042	国际石油经济	工商业经济学	杨朝红
S194	国家检察官学院学报	法学综合	徐鹤喃
S195	国家教育行政学院学报	政治大学学报	顾海良
S197	国家图书馆学刊	图书馆学、文献学	詹福瑞
S193	国家行政学院学报	政治大学学报	马宝成
S199	海交史研究	历史学	钱江
S200	汉语学习	语言学综合	崔雄权
S204	河北师范大学学报教育科学版	教育学综合	戴建兵
S272	河海大学学报哲学社会科学版	社会科学综合大学学报	吴远

表8　2018年社会科学领域中国科技核心期刊目录（续）

CODE	刊 名	学科分类	主 编
S205	河南大学学报社会科学版	社会科学综合大学学报	乔家君
S206	红楼梦学刊	中国文学	张庆善
S209	湖南大学学报社会科学版	社会科学综合大学学报	王道平
S210	湖南科技大学学报社会科学版	社会科学综合大学学报	李建华
S211	湖南社会科学	社会科学综合	周勇
S212	湖南师范大学教育科学学报	教育学综合	徐超富
S213	湖南师范大学社会科学学报	社会科学师范大学学报	吴家庆
S673	华东师范大学学报教育科学版	教育学综合	陈玉琨
S939	华东师范大学学报哲学社会科学版	社会科学师范大学学报	高瑞泉
S214	华东政法大学学报	法学综合	李秀清
S940	华南师范大学学报社会科学版	社会科学师范大学学报	翁佩萱
S215	华侨华人历史研究	历史学	张秀明
S941	华中师范大学学报人文社会科学版	社会科学师范大学学报	王泽龙
S216	黄钟-中国-武汉音乐学院学报	艺术学	刘永平
S942	吉林大学社会科学学报	社会科学综合大学学报	刘文山
S718	技术经济	工商业经济学	吴贵生
S719	技术经济与管理研究	国民经济学、管理经济学、数量经济学	章亚南
S832	价格理论与实践	工商业经济学	王永治
S944	江海学刊	社会科学综合	韩璞庚
S674	江苏高教	高等教育学	邱梅生
S854	江苏社会科学	社会科学综合	金晓瑜
S219	江苏行政学院学报	政治大学学报	周善乔
S220	江西财经大学学报	经济大学学报	王秋石
S946	江西社会科学	社会科学综合	龚建文
S221	交响-西安音乐学院学报	艺术学	罗艺峰
S222	教师教育研究	成人教育学、职业技术教育学	顾明远
S675	教学与研究	教育学综合	齐鹏飞
S223	教育财会研究	国民经济学、管理经济学、数量经济学	黄永林
S676	教育发展研究	教育学综合	张国良
S677	教育科学	教育学综合	傅维利
S415	教育生物学杂志	教育学综合	黄红
S224	教育学报	教育学综合	石中英
S681	教育研究	教育学综合	高宝立
S682	教育研究与实验	教育学综合	董泽芳
S683	教育与经济	国民经济学、管理经济学、数量经济学	王善迈
S225	解放军外国语学院学报	外国语言学	蔡金亭
S226	金融经济学研究	财政学、金融学、保险学	马龙海
S652	金融理论与实践	财政学、金融学、保险学	庞贞燕
S227	金融论坛	财政学、金融学、保险学	詹向阳
S757	金融研究	财政学、金融学、保险学	纪志宏
S228	近代史研究	历史学	徐秀丽
S759	经济管理	经济学综合；管理学	黄群慧
S760	经济经纬	经济学综合	李小建

表8 2018年社会科学领域中国科技核心期刊目录（续）

CODE	刊 名	学科分类	主 编
S761	经济科学	经济学综合	刘伟
S762	经济理论与经济管理	经济学综合；管理学	方福前
S764	经济评论	经济学综合	陈继勇
S765	经济社会体制比较	国民经济学、管理经济学、数量经济学	杨雪冬
S767	经济体制改革	国民经济学、管理经济学、数量经济学	盛毅
S768	经济问题	经济学综合	韩克勇
S769	经济问题探索	经济学综合	海文达
S229	经济学	经济学综合	朱家祥
S282	经济学报	经济学综合	钱颖一
S721	经济学动态	经济学综合	杨春学
S771	经济学家	经济学综合	刘诗白
S772	经济研究	经济学综合	裴长洪
S230	经济与管理评论	经济学综合；管理学	刘兴云
S773	经济与管理研究	经济学综合；管理学	戚聿东
S774	经济纵横	经济学综合	郭连强
S231	军事历史研究	军事学	宗成康
S232	军事运筹与系统工程	军事学	李宁
S233	开放教育研究	成人教育学、职业技术教育学	徐皓
S234	开放时代	经济学综合	吴重庆
S155	开放学习研究	成人教育学、职业技术教育学	张铁道
S235	抗日战争研究	军事学	高士华
S808	考古	考古学	王巍
S809	考古学报	考古学	刘庆柱
S810	考古与文物	考古学	王炜林
S236	课程·教材·教法	学前教育学、普通教育学	郭戈
S756	会计研究	会计学、审计学	周守华
S217	会计与经济研究	会计学、审计学	邵瑞庆
S947	兰州大学学报社会科学版	社会科学综合大学学报	高新才
S237	理论探讨	马克思主义	刘建明
S238	理论与改革	马克思主义	范锐平
S239	历史教学问题	学前教育学、普通教育学	王斯德
S240	历史研究	历史学	高翔
S242	林业经济问题	生态农业经济学	张建国
S243	鲁迅研究月刊	中国文学	黄乔生
S244	伦理学研究	哲学	唐凯麟
S245	旅游科学	工商业经济学	高峻
S616	旅游学刊	工商业经济学	黄先开
S246	马克思主义研究	马克思主义	程恩富
S247	马克思主义与现实	马克思主义	冯雷
S637	煤炭经济研究	工商业经济学	范宝营
S248	美术研究	艺术学	邵大箴
S249	民族教育研究	教育学综合	郭卫平
S251	民族文学研究	中国文学	关纪新

表8 2018年社会科学领域中国科技核心期刊目录（续）

CODE	刊 名	学科分类	主 编
S252	民族研究	民族学与文化学	王延中
S253	民族艺术	艺术学	张桥
S254	明清小说研究	中国文学	王长友
S255	南方文坛	中国文学	张燕玲
S950	南京大学学报哲学·人文科学·社会科学	社会科学综合大学学报	张异宾
S858	南京社会科学	社会科学综合	李程骅
S777	南开经济研究	经济学综合	李坤旺
S953	南开学报哲学社会科学版	社会科学综合大学学报	姜胜利
S839	农村经济	生态农业经济学	郭晓鸣
S778	农业技术经济	生态农业经济学	朱希刚
S779	农业经济问题	生态农业经济学	秦富
S639	企业经济	国民经济学、管理经济学、数量经济学	李小玉
S258	青年探索	社会学综合	李伟民
S259	青年研究	社会学综合	单光鼐
S260	青少年犯罪问题	部门法学、刑事侦查学、司法鉴定学	倪铁
S687	清华大学教育研究	教育学综合	王孙禺
S955	清华大学学报哲学社会科学版	社会科学综合大学学报	罗钢
S844	情报工程	情报学	刘琦岩
S846	情报科学	情报学	靖继鹏
S847	情报理论与实践	情报学	王忠军
W020	情报学报	情报学	戴国强
S848	情报杂志	情报学	张薇
S849	情报资料工作	情报学	高自龙
S261	求实	政治学综合	胡启南
S956	求是	政治学综合	刘玉辉
S958	求索	社会科学综合	周小毛
S688	全球教育展望	教育学综合	钟启泉
S106	全球科技经济瞭望	经济学综合	郭铁成
S860	人口研究	人口学、劳动科学	翟振武
S862	人口与经济	人口学、劳动科学	童玉芬
S628	人民检察	部门法学、刑事侦查学、司法鉴定学	徐建波
S263	人民音乐	艺术学	王次炤
S617	人文地理	历史学	孙天义
S819	软科学	社会科学综合	赵毅峰
S264	山东大学学报哲学社会科学版	社会科学综合大学学报	臧旭恒
S961	山西财经大学学报	经济大学学报	王培勤
S964	陕西师范大学学报哲学社会科学版	社会科学师范大学学报	张积玉
S834	商业经济与管理	国民经济学、管理经济学、数量经济学	李金昌
S835	商业研究	工商业经济学	曲振涛
S265	上海财经大学学报哲学社会科学版	社会科学综合大学学报	樊丽明
S965	上海大学学报社会科学版	社会科学综合大学学报	董乃斌
S266	上海翻译	语言学综合	方梦之
S268	上海金融	财政学、金融学、保险学	李安定

表8 2018年社会科学领域中国科技核心期刊目录（续）

CODE	刊 名	学科分类	主 编
S781	上海经济研究	工商业经济学	石良平
S269	上海师范大学学报哲学社会科学版	社会科学师范大学学报	黄刚
S883	上海体育学院学报	体育科学	章建成
S267	上海行政学院学报	政治大学学报	陶柏康
S270	社会	社会学综合	李友梅
S271	社会保障研究	人口学、劳动科学	邓大松
S863	社会科学	社会科学综合	熊月之
S865	社会科学研究	社会科学综合	侯水平
S866	社会科学战线	社会科学综合	刘信君
S867	社会学研究	社会学综合	李培林
S276	社会主义研究	马克思主义	程又中
S782	审计研究	会计学、审计学	刘达朱
S784	生态经济	生态农业经济学	高晓铃
S278	史学月刊	历史学	李振宏
S691	世界汉语教学	语言学综合	张博
S785	世界经济	经济学综合	张宇燕
S787	世界经济研究	经济学综合	姚勤华
S788	世界经济与政治	国际政治学、外交学	张宇燕
S789	世界经济与政治论坛	经济学综合	王维
A201	世界科技研究与发展	社会科学综合	方曙
S285	世界民族	民族学与文化学	王延中
S286	世界宗教文化	宗教学	金泽
S287	世界宗教研究	宗教学	卓新平
S790	数量经济技术经济研究	国民经济学、管理经济学、数量经济学	李平
W022	数字图书馆论坛	图书馆学、文献学	曾建勋
S656	税务与经济	财政学、金融学、保险学	武振
S290	思想教育研究	政治学综合	陈曦
S291	思想理论教育导刊	学前教育学、普通教育学	阎志坚
S292	思想战线	社会科学综合	王文光
S967	四川大学学报哲学社会科学版	社会科学综合大学学报	项楚
S294	苏州大学学报哲学社会科学版	社会科学综合大学学报	沈海牧
S295	台湾研究	社会学综合	张冠华
S296	台湾研究集刊	社会学综合	张文生
S297	探索	政治学综合	苏伟
S884	体育科学	体育科学	田野
S880	体育学刊	体育科学	杨文轩
S885	体育与科学	体育科学	周旭
S886	天津体育学院学报	体育科学	姚家新
S793	统计研究	统计学	潘璠
S293	统计与决策	统计学	李明星
S306	统计与信息论坛	统计学	薛小荣
S895	图书馆建设	图书馆学、文献学	高文华
S897	图书馆论坛	图书馆学、文献学	李昭淳

表8 2018年社会科学领域中国科技核心期刊目录（续）

CODE	刊名	学科分类	主编
S308	图书馆学研究	图书馆学、文献学	石丽珍
S899	图书情报工作	情报学；图书馆学、文献学	初景利
S900	图书情报知识	情报学；图书馆学、文献学	陈传夫
S901	图书与情报	情报学；图书馆学、文献学	郭向东
S694	外国教育研究	学前教育学、普通教育学	孙启林
S795	外国经济与管理	经济学综合；管理学	樊丽明
S314	外国文学	外国文学	胡文仲
S315	外国文学评论	外国文学	陈众议
S316	外国文学研究	外国文学	聂珍钊
S317	外国语	外国语言学	束定芳
S318	外国语文-四川外语学院学报	外国语言学	熊沐清
S695	外国中小学教育	学前教育学、普通教育学	张民选
S320	外交评论	国际政治学、外交学	赵进军
S697	外语教学	外国语言学	户思社
S698	外语教学与研究	外国语言学	王克非
S323	外语界	外国语言学	吴友富
S699	外语与外语教学	外国语言学	赵永青
S973	文史哲	社会科学综合	王学典
S811	文物	考古学	张昌倬
S327	文学评论	中国文学	陆建德
S328	文学遗产	中国文学	刘跃进
S329	文艺理论研究	艺术学	谭帆；方克强
S330	文艺理论与批评	艺术学	陈飞龙
S331	文艺评论	艺术学	韦健玮
S332	文艺研究	中国文学	方宁
S333	文艺争鸣	艺术学	王双龙
S334	武汉大学学报哲学社会科学版	社会科学综合大学学报	顾海良
S887	武汉体育学院学报	体育科学	孙义良
C509	物理与工程	物理学；高等教育学	顾牡；王青
S336	西安交通大学学报社会科学版	社会科学综合大学学报	贾箭鸣
S881	西安体育学院学报	体育科学	周里
S576	西安外国语大学学报	外国语言学	郝瑜
S975	西北大学学报哲学社会科学版	社会科学综合大学学报	刘炜评
S340	西南大学学报社会科学版	社会科学综合大学学报	靳玉乐
S341	西南民族大学学报人文社科版	社会科学综合大学学报	赵心愚
S342	戏剧-中央戏剧学院学报	艺术学	廖向红
S978	厦门大学学报哲学社会科学版	社会科学综合大学学报	陈嘉明
S343	现代财经-天津财经大学学报	经济大学学报	蔡双立
S906	现代传播	新闻学与传播学	胡智锋
S630	现代法学	法学综合	许明月
S309	现代情报	情报学	张丽娟
S850	现代图书情报技术	情报学；图书馆学、文献学	张晓林
S346	湘潭大学学报哲学社会科学版	社会科学综合大学学报	章育良

表8 2018年社会科学领域中国科技核心期刊目录（续）

CODE	刊　名	学科分类	主　编
S836	消费经济	工商业经济学	尹世杰
S348	小说评论	中国文学	李国平
S700	心理发展与教育	心理学；教育学综合	林崇德
S349	新疆师范大学学报哲学社会科学版	社会科学师范大学学报	李建军
S350	新视野	政治学综合	高寿仙
S351	新文学史料	中国文学	郭娟
S907	新闻大学	新闻学与传播学	黄芝晓
S909	新闻与传播研究	新闻学与传播学	唐绪军
S582	刑事技术	部门法学、刑事侦查学、司法鉴定学	刘耀
S201	行政论坛	行政学	温美荣
S354	学海	哲学	胡传胜
S703	学前教育研究	学前教育学、普通教育学	冯晓霞
S981	学术研究	社会科学综合	叶金宝
S982	学术月刊	社会科学综合	金福林
S704	学位与研究生教育	高等教育学	匡镜明
S361	学习论坛	政治学综合	尹书博
S983	学习与探索	社会科学综合	张磊
S363	学校党建与思想教育	政治学综合	谢成宇
S799	亚太经济	经济学综合	郑有国
G865	医学信息学杂志	情报学	钱庆
S366	艺术百家	艺术学	晁岱健
S367	音乐研究	艺术学	于润洋；莫蕴慧
S368	语言教学与研究	语言学综合	曹志耘
S369	语言文字应用	语言学综合	张世平
S370	语言研究	语言学综合	黄树先
S822	预测	国民经济学、管理经济学、数量经济学	杨善林
S372	云南财经大学学报	经济大学学报	叶文辉
S374	云南民族大学学报哲学社会科学版	社会科学综合大学学报	和少英
S922	哲学动态	哲学	余涌
S923	哲学研究	哲学	谢地坤
S986	浙江大学学报人文社会科学版	社会科学综合大学学报	罗卫东
S987	浙江社会科学	社会科学综合	俞伯灵
G352	证据科学	部门法学、刑事侦查学、司法鉴定学	张保生
S659	证券市场导报	财政学、金融学、保险学	宋丽萍
S619	政法论坛	法学综合	王人博
S382	政治学研究	政治学综合	王一程
S383	政治与法律	法学综合	徐澜波
S384	职教论坛	成人教育学、职业技术教育学	肖称萍
S386	中共党史研究	政治学综合	任贵祥
S390	中共浙江省委党校学报	政治大学学报	徐明华
S391	中共中央党校学报	政治大学学报	包驰
S392	中国比较文学	中国文学	谢天振
S393	中国边疆史地研究	考古学	李大龙

表8 2018年社会科学领域中国科技核心期刊目录（续）

CODE	刊 名	学科分类	主 编
S304	中国大学教学	高等教育学	杨祥
S396	中国党政干部论坛	政治学综合	包驰
S397	中国地方志	历史学	于伟平
S398	中国地质大学学报社会科学版	社会科学综合大学学报	刘传红
S633	中国法学	法学综合	陈桂明
S400	中国翻译	语言学综合	黄友义
S401	中国改革	国民经济学、管理经济学、数量经济学	王烁
S664	中国高教研究	高等教育学	王小梅
S800	中国工业经济	工商业经济学	金碚
S404	中国海商法研究	部门法学、刑事侦查学、司法鉴定学	司玉琢
S823	中国科技翻译	语言学综合	曹京华；邱举良
A583	中国科技期刊研究	新闻学与传播学	言静霞
S133	中国科技资源导刊	经济学综合	袁伟
S410	中国劳动	人口学、劳动科学	莫荣
S618	中国历史地理论丛	历史学	侯甬坚
S838	中国流通经济	工商业经济学	陈建中
S414	中国穆斯林	宗教学	马忠杰
S803	中国农村观察	社会学综合	魏后凯
S804	中国农村经济	生态农业经济学	李周
H221	中国农业资源与区划	农业综合；生态农业经济学	唐华俊
S417	中国青年社会科学	社会科学综合	周晓燕
S416	中国青年研究	社会科学综合	徐文新
S874	中国人口科学	人口学、劳动科学	蔡昉
S419	中国人力资源开发	人口学、劳动科学	刘福垣
S990	中国人民大学学报	社会科学综合大学学报	段忠桥
S875	中国社会科学	社会科学综合	高翔
S587	中国司法鉴定	部门法学、刑事侦查学、司法鉴定学	沈敏
S714	中国特殊教育	教育学综合	陈云英
S888	中国体育科技	体育科学	田野
S902	中国图书馆学报	图书馆学、文献学	詹福瑞
S426	中国文化研究	民族学与文化学	韩经太
S427	中国现代文学研究丛刊	中国文学	吴义勤；温儒敏
S428	中国刑事法杂志	部门法学、刑事侦查学、司法鉴定学	王守安
S405	中国行政管理	行政学	鲍静
G911	中国医学伦理学	社会学综合	王明旭
S429	中国音乐	艺术学	赵塔里木
S430	中国音乐学	艺术学	田青
S715	中国语文	语言学综合	沈家煊
G131	中国运动医学杂志	体育科学	李国平
S432	中国职业技术教育	成人教育学、职业技术教育学	赵伟
S807	中国资产评估	国民经济学、管理经济学、数量经济学	刘萍
S434	中国宗教	宗教学	韩松
S435	中华文化论坛	民族学与文化学	李明泉

表8 2018年社会科学领域中国科技核心期刊目录（续）

CODE	刊 名	学科分类	主 编
G915	中华医学图书情报杂志	情报学；图书馆学、文献学；卫生管理学、健康教育学	陈锐
S992	中南财经政法大学学报	经济大学学报	杨灿明
S993	中南民族大学学报人文社会科学版	社会科学综合大学学报	雷振扬
S994	中山大学学报社会科学版	社会科学综合大学学报	吴承学
S634	中外法学	法学综合	梁根林
S440	中央财经大学学报	经济大学学报	王广谦
S441	中央音乐学院学报	艺术学	王次炤
S996	中州学刊	社会科学综合	喻新安
S444	装饰	艺术学	方晓风
S728	资源开发与市场	生态农业经济学	卢永记
S446	资源与产业	生态农业经济学	雷涯邻
S926	自然辩证法研究	哲学	殷瑞钰
S448	宗教学研究	宗教学	卿希泰

9 新入选社会科学领域中国科技核心期刊

表9 2019年新入选社会科学领域中国科技核心期刊（中国科技论文统计源期刊）

CODE	刊名	CODE	刊名
G308	数学教育学报	B523	医学与哲学
A906	文物保护与考古科学		